A Jesús de Nazaret, el Mesías judío.

Índice

Prólogo del libro Votar conviene

Escribir este libro fue de improviso. Si bien en el año 1990 entre broma y serio advertí a un profesor que algún día yo escribiría un libro sobre las anomalías que existen en la Heroica Escuela Naval Militar respecto al espionaje fascista homosexual y la manipulación hipnótica transitoria contra los propios cadetes, lo que constituye fuente lucrativa y de placer salaz para pederastas –en aquella época ingresaban al internado de dicha escuela exclusivamente hombres adolescentes de entre catorce a dieciocho años de edad–; no imaginé que el crimen aquél se cometía desde tiempos remotos en perjuicio de toda la sociedad mexicana y que yo continuaría siendo víctima recurrente durante todos estos años.

Un día de octubre de 2013 leí en la internética de la revista Proceso una oferta ¡con descuento del cincuenta por ciento! para la publicación de libros en una editorial situada en Estados Unidos, lo que me pareció magnífica oportunidad para autopublicar un libro, pero entonces fue cuando reaccioné y me di cuenta que ¡yo no tenía escrito ningún libro!

Luego entonces decidí escribir los cuentos Votar conviene y La técnica del disfraz; ambos relatos son crónicas, las cuales integré al material que estaba publicado en el blog http:// voto independiente .blog spot .com. Fue así como constituí el primer borrador del libro.

1

Posteriormente, al siguiente día de haber terminado La técnica del disfraz, el 3 de diciembre de 2013, registré dicho borrador en Indautor, en la ciudad de México.

Logré cubrir el pago a la editorial y pedí que publicara el libro, lo cual realizó el día 13 de diciembre de 2013.

De esta manera, días antes de la publicación, durante la galerada corregí varios errores en el borrador, sin embargo, como solamente había un proceso de revisión gratuito, no me fue posible realizar una segunda corrección al bosquejo debido al costo extra que ello implicaba, por lo que autoricé que se publicara el libro así como estaba, pues, aunque el excelente servicio de la editorial me otorgaba el plazo de un año, para mí era urgente publicarlo.

En lo que a mis denuncias concierne, a diferencia de lo que difundí originalmente en el blog, en el libro tuve que cambiar los nombres originales, los lugares y algunas circunstancias por ser requisito indispensable de los impresores, con el propósito de evitarme demandas legales; por lo que también edité el blog, pero sólo para que coincidiera con el libro. En todo caso, las denuncias contenidas en el libro son de mi exclusiva responsabilidad en virtud de mi carácter de autor y editor.

A finales de abril de este año 2014 recibí una noticia en Facebook sobre la facilidad que otorgaba la editorial Create Space, filial de Amazon, para la autopublicación gratuita, por lo que decidí terminar el contrato con la editorial anterior, requerimiento necesario para publicar el libro en formato electrónico en Kindle Direct Publishing de Amazon.

Publiqué en la editorial Create Space un borrador del libro que yo suponía correctamente escrito, pero cada vez que lo publicaba y revisaba encontraba errores, y otras partes asimismo requerían mejoras. Así estuve publicando, corrigiendo y mejorando el libro varias veces durante tres meses, con jornadas diarias de seis a doce horas de lectura, revisión y corrección. Luego aprendí que el oficio de escritor, aunque no parezca, puede ser agobiante. También solicité una copia impresa del libro de prueba, pero donde abría el libro al azar y ponía el dedo índice sobre él, ¡todavía ahí encontraba errores semánticos, sintácticos u ortográficos por subsanar!

Antes de publicar el libro, Create Space lo imprime electrónicamente de forma gratuita para que el autor efectúe la revisión correspondiente y entonces una vez aprobado, lo publique; sin embargo, como estuve realizando muchas repeticiones en el proceso y para que la editorial no pensara que yo estaba defraudándola o estaba rematadamente loco o algo parecido, fue que compré las primeras cinco copias del libro impreso en formato papel a principios de junio de 2014.

Yo estaba apenadísimo con la editorial Create Space, todavía lo estoy un poco, porque creo que abusé de su buena voluntad por mi falta de experiencia y conocimiento sobre la materia literaria, pues cuando mucho son dos pruebas de galera antes de la publicación, no obstante, realicé en total hasta el día 8 de diciembre de este año 2014 que hoy finaliza ¡dieciocho procesos de edición y publicación conjuntamente! Una barbaridad.

Entre los problemas que se presentaron está que tuve necesidad de empeñar mi computadora, y cuando intenté enviar a Create Space otra nueva edición del libro por medio de una computadora rentada, debido a que la versión del procesador de textos de esa computadora era diferente al que yo tenía en mi laptop, ¡todo el libro se alteró!, y muchas palabras se unieron, por ejemplo las palabras obrero y patronal, las cuales yo había pensado unir sin el guión intermedio, mas no me convencí de ello hasta que las vi como una sola palabra por la alteración que causó el procesador de textos; empero, en la versión final del libro las yuxtapuse sólo para nombrar al Banco de las Garantías Obreropatronales (BANGO), que propongo en el artículo 'Reforma laboral' como la solución para la generación de empleos bien pagados y el aumento de la productividad y competitividad de todas las empresas instaladas en México.

También decidí no escribir la palabra priista sino priísta, con acento en la segunda i, sin atender la última reforma de la Real Academia Española (RAE), pues la palabra priista se pronuncia "prista", de lo contrario se formaría un pleonasmo al escribir priísta y decir "priísta", pues así se pronuncia correctamente en México: «pri-ísta», con patente diferencia entre las dos i.

Igual*mente*, en mis escritos rescaté el adverbio sólo, con acento en la primera o, ya que me hacía falta para no repetir tantas veces las palabras única*mente* y sola*mente*, y porque en mis textos iniciales recurría consuetudinaria*mente* a muchas palabras con la terminación *mente*.

El queísmo también fue un problema recurrente en mis escritos; entendiéndolo no sólo como la falta de la conjunción *de* antes de la palabra *que*, cuando deba escribirse, sino también considerándolo como el uso repetitivo, a veces innecesario, de la conjunción *que*; motivo por el cual (v.g., aquí sustituí «así que» por «motivo por el cual») me negué a utilizar por un tiempo la conjunción y/o el pronombre que/qué. Así las cosas, en los artículos de opinión Movimiento ciudadano Yo Soy 59 y Sin milagro ni sorpresa, prescindí de esa palabra gracias a una sintaxis diferente.

A propósito, consideré que el dequeísmo es innecesario en todos los casos. Por ello, en los escritos eliminé la preposición *de* antes de la conjunción *que*, sin excepción; incluso en aquellos casos que se consideran queísmos, por ejemplo: «a pesar que».

Una vez que el libro fue tomando *una* buena forma, me di cuenta de uno de los errores más comunes que comete un escritor diletante como yo: la repetición innecesaria de las palabras un, uno, una, y sus plurales, así que igual tuve que corregir este error.

Para evitar el loísmo al máximo, dejé de escribir la frase correcta «Por lo tanto», para escribir «Por tanto», que igual es buena conjunción.

Igualmente, para dar mayor énfasis al argumento de los personajes, les asigné de forma exclusiva el guión largo, por lo que implementé el guión mediano sólo para el relator; verbigracia:

—*Profesor, ¿es verdad que la Arca fue encontrada en el Monte Ararat —en Turquía— donde posó hace seis mil quinientos trece años? –la pregunta procede de la alumna Brenda Evangelina.*

Valiosa ayuda es la web de la RAE http:// www .rae .es. En uno de sus muchos apartados descubrí los solecismos; por ejemplo, correcto es decir: «Tan así es» y «Tanto es así»; y no: *Tan es así* y *Tanto así es*. Por otro lado, ¿qué decir del Diccionario de la RAE en línea?, es espléndido.

El notable académico de la gramática española Emilio Alarcos Llorach es parte importante en el proceso de corrección de Votar conviene y más cuentos. Yo tendría que escribir otro libro para señalar todos y cada uno de los errores que él me ayudó a corregir en mi escritura mediante su libro Gramática de la lengua española, de la colección Nebrija y Bello, de la RAE, editorial Espasa, novena reimpresión, 2003.

Con lo anterior no quiero decir que el libro sea obra literaria. No, en este sentido es tan sólo propuesta y no aspira a tal fin, pero creo que está bien escrito y tiene notoria diferencia respecto al borrador farragoso que publiqué en la primera editorial; además, agregué el fragmento corregido de mi ensayo: El canal del congreso coadyuvante en la formación de líderes democráticos; así como el poema La selección campeona de futbol; conformado por siete estrofas de dos versos, una estrofa por cada partido que la selección mexicana va a ganar para ser campeona del torneo de la copa mundial de futbol.

Votar conviene y más cuentos es libro imprescindible en la lectura familiar, me atrevo a decir esto porque hasta ahora nadie había escrito sobre la existencia de la manipulación hipnótica transitoria con fines impíos para resabiar a las personas de buena educación moral. No estudié el tema, lo he aprendido de la peor forma, he sido víctima de esta arma secreta del perverso sistema político mexicano.

Los espías fascistas han cometido errores al estar manipulándome con drogas y así ha sido como he descubierto su modo de operar. Esto aunado a confidencias de militares a quienes considero mis hermanos, los cuales son nobles, egresados como yo de manera digna de la Heroica Escuela Naval Militar.

Existe un método hipnótico que no utiliza drogas y sirve para hipnotizar a las personas sin que estas se den cuenta. En esta modalidad se emplean dos o tres hipnotistas que cuestionan casi al mismo tiempo, de tal forma que no permiten que la víctima termine de responder ninguna pregunta; después de tres o cuatro minutos, un hipnotista oculto inflige por detrás un susto al interfecto y este queda en trance hipnótico. Cuando los hipnotizadores despiertan a su víctima, esta no recuerda nada ni se percata del lapso en el que estuvo inconsciente.

El fundamento y fortaleza del libro son todas y cada una de las víctimas de manipulación hipnótica transitoria; entre las cuales ahora mismo algunos de ellos y ellas se encuentran en los servicios de inteligencia del país: en el CISEN, la Policía Federal, la Interpol, la PGR, el Ejército, la Armada y la Fuerza Aérea; quienes nunca imaginaron caer en el problema de la homosexualidad, de las drogas o la prostitución. Porque mediante la manipulación psicológica infligida con psicotrópicos, los pervertidores pueden lograr con una sesión de pocas horas que un buen cristiano blasfeme y se declare ateo el resto de su vida; una mujer virtuosa se convierta en prostituta o se enamore de un hombre a quien jamás en su sano juicio aceptaría; o que personas con futuro promisorio renuncien al estudio, a la práctica de su disciplina deportiva o se suiciden.

Cuando los hombres y las mujeres víctimas de manipulación hipnótica lean este libro, se reconocerán en él y sabrán qué los obligó a actuar contra sus convicciones. Esta es la apuesta de Votar conviene y más cuentos.

Jorge Rosendo Durán Mozqueda

Guaymas, Sonora, a 31 de diciembre de 2014.

Votar conviene

8 de Diciembre de 2013

Votar conviene nació ante la necesidad de expresar el rechazo ciudadano a los partidos políticos que sólo velan por sus intereses y relegan las necesidades de la población.

Votar conviene pondera la importancia del voto independiente como la única vía legítima para lograr la transformación social y política en México que favorezca el crecimiento y consolidación de la clase media progresista.

En virtud de la reciente aprobación legislativa de la candidatura independiente –apartidista–, el voto independiente ahora no sólo se define por el sufragio realizado a favor de candidatos independientes, sino por el voto que expresa la voluntad del elector guiado por su albedrío en genuino interés cívico de participación democrática, consciente que su voto efectivo es el principio rector de gobierno y, por tal motivo, no admite ningún tipo de coerción para votar por determinada opción política, ya sea partidista, ciudadana o independiente.

El candidato independiente es el político ciudadano que por propia convicción no está afiliado en partido político alguno y en esa circunstancia decide competir por un puesto de elección popular a través de la candidatura independiente; pero esto no es impedimento si la oportunidad de aceptar apoyo partidario para concretar su aspiración política se presenta, entonces, la candidatura independiente se convierte en candidatura ciudadana. Respecto a esta definición, el candidato independiente no es candidato advenedizo, no es aquel político que ha pertenecido a un partido y, obedeciendo a interés particular, tal vez por haber sido rechazado para la candidatura partidista, decide renunciar a su partido para concursar por la candidatura de otro partido o la opción independiente.

Votar es prerrogativa constitucional del pueblo mexicano, es derecho que debe ejercerse, no se renuncia a este privilegio sin tener que sufrir las consecuencias del mal gobierno, el cual se impone debido a la apatía ciudadana que no responde al llamado democrático de las autoridades electorales cuando invitan a sufragar, pero también porque existe votación sistémica y programática de electores cooptados por el régimen oligárquico de partidos: la partidocracia. Estos 'soldados' electorales dependientes del establishment –poderes fácticos– no se abstienen de votar ni mucho menos anulan su voto, pues no son electores profanos.

En gran medida, los responsables de la actual degradación nacional son los electores que no acuden a la urna para emitir el voto efectivo o van sólo para cometer la insensatez de anular intencionalmente la boleta electoral. En elecciones intermedias, cuando se renueva la cámara de diputados, los abstencionistas representan alrededor del 70 por ciento del padrón electoral y por esta razón el voto clientelar de los soldados electorales de distintos grupúsculos tiene en su poder el control de las plazas y políticas gubernativas. De esta forma, con base en el clientelismo, cada una de las corrientes ideológicas protege electoralmente su respectivo coto presupuestal, ya que todas y cada una de ellas convergen en un común denominador: el erario.

Así, el 30 por ciento de los ciudadanos del padrón electoral son los únicos que emiten su voto, entre ellos los clientes electorales de las distintas facciones políticas, que representan alrededor de la mitad de los votantes efectivos. Esto significa que sólo el 15 por ciento de la ciudadanía sufraga, no para mantener privilegios y prerrogativas a costa del presupuesto estatal como hacen los coludidos con el sistema corruptor, sino por una auténtica motivación republicana. Lamentablemente, aun este voto democrático se había visto conculcado por los partidos políticos que se arrogaban el derecho a ser votados, impidiendo el registro de la candidatura apartidista ante el Instituto Federal Electoral (IFE), de conformidad con el artículo 218 del Código Federal de Instituciones y Procedimientos Electorales (COFIPE) que recientemente fue abrogado por inconstitucional. Ahora sólo falta la respectiva ley reglamentaria para expedir el pasavante de la candidatura apartidista al debido proceso electoral.

Con la finalidad de resaltar la importancia del acto de sufragar y la oportunidad que debiera significar para cada una de las personas de nuestra sociedad, supongamos que en este momento nos encontramos contabilizando los votos de las elecciones intermedias del año 2015 y sorprendidos descubrimos que la votación técnica se eleva a una participación ciudadana del ¡100 por ciento!, motivada por las terribles crisis laboral, alimentaria, financiera y económica, causadas y sostenidas por políticas intervencionistas como la hacendaria y la energética, impuestas a los mexicanos mediante el sistema oligárquico de partidos, más conocido por todos como partidocracia.

En estas elecciones intermedias de 2015, los soldados electorales no pudieron revertir con su activismo el mandato ciudadano que ordenó un cambio radical en las políticas de gobierno, pues cada uno de los sufragios independientes es contrario a los cuatro partidos hegemónicos del régimen oligárquico.

Pero esto no es todo, porque los cuatro partidos en cuestión han perdido el registro ante el Instituto Nacional Electoral (INE), sustituto del IFE, pues la votación de los soldados electorales no supera el mínimo porcentaje requerido para que las organizaciones políticas Partido Revolucionario Institucional (PRI), Partido Acción Nacional (PAN), Partido de la Revolución Democrática (PRD), y Partido Verde Ecologista de México (PVEM) conserven las canonjías partidistas.

Todo esto se ha logrado en un solo día de nutrida y entusiasta votación. No es necesaria la versión siglo XXI de la Revolución Mexicana ni todas las tragedias y muertes, ¡más de un millón!, que trajo consigo en el siglo pasado, porque hoy por hoy los mexicanos honraron con su voto indignado la memoria del pueblo revolucionario que sacrificó la vida luchando por el establecimiento de un gobierno patriota, ajeno al engaño, a la dependencia política, económica, alimentaria y energética extranjera, y al crimen organizado; consciente que el gobierno respetuoso de la voluntad democrática es superior al gobierno sometido a intereses oligárquicos.

Ante el inaudito resultado electoral, los partidócratas intentan –una vez más– insultar la inteligencia del pueblo mexicano. Primero, los perdedores se mofan del conteo rápido en el cierre de la votación descalificándolo de la manera más ruin, apoyándose en las dos principales televisoras de cobertura nacional –imperialistas–, las cuales también reprueban cínicamente el resultado del proceso electoral pergeñando argucias psicológicas discriminatorias y racistas esgrimidas por famosos del espectáculo noticioso para tratar de amedrentar a la ciudadanía. Desesperados, los mandamases del régimen inhabilitan el sistema de cómputo del INE con la colaboración de Virusbrando, S. A. de C. V., para evitar que se formalicen las tendencias electorales.

Por suerte, un grupo de patriotas comprometidos con la democracia, compuesto por periodistas, empresarios, y líderes de movimientos ciudadanos políticos, más candidatos ganadores, mantienen informada en todo momento a la sociedad acerca de los últimos acontecimientos y organizan a los electores utilizando las redes sociales en internet, telefonía móvil, y medios informativos del México independiente, disponiéndose a defender el voto mediante actividades de presión civil que no se habían visto desde la época revolucionaria. «¡Mueran los traidores de la democracia!», es la consigna.

Gracias a la determinación del pueblo mexicano, el presidente de la república, bajo la amenaza de un golpe de Estado provocado por la partidocracia, no tiene otra alternativa que ordenar de inmediato el restablecimiento del proceso electoral para contabilizar la totalidad de los votos y oficializar el indiscutible triunfo de la democracia institucional mexicana, así como también ordena la aprehensión inmediata de quienes vilmente colocan a la institución presidencial en esta encrucijada e intentan realizar el golpe de Estado contra los Poderes de la Unión por medio del sabotaje al sistema informático del INE, y con el cual pretenden consumar el tercer gran fraude electoral de la historia reciente de México.

La iniciativa presidencial fue cumplida, y cuarenta y ocho horas después del fallido atentado golpista de la partidocracia, el pueblo de México todavía se encuentra a la expectativa para defender el voto cuantas veces sea necesario. Los conteos electorales se realizan en aparente calma y con resultados congruentes al mandato ciudadano en las urnas, de acuerdo con el conteo rápido del Programa de Resultados Electorales Preliminares (PREP) del domingo anterior.

La mayoría de los capos del régimen que por la noche del domingo pasado intentaron el golpe de Estado ahora se encuentran en la cárcel, pero otros cabecillas partidócratas logran escapar a sus países de origen utilizando pasaportes de su verdadera personalidad y nacionalidad, con dirección a Estados Unidos, España y Argentina, principalmente, países a los que rinden máxima lealtad burlándose de la nacionalidad mexicana que indignos usan y del pueblo mexicano que sojuzgan.

Es miércoles en el mediodía y la autoridad electoral está emitiendo los resultados oficiales de los comicios. Efectivamente, los partidos PRI, PAN, PRD y PVEM han perdido el registro ante el Instituto Nacional Electoral, pues ninguno de ellos obtuvo el nuevo mínimo requerido del 3 por ciento de la votación. El PRD, el PAN, y el PRI juntos consiguen un total de cinco diputaciones de representación proporcional que significa el 1 por ciento de la cámara baja; el PVEM se despide en blanco.

El partido Movimiento Ciudadano (MC), que en la elección anterior estuvo a punto de perder el registro, hoy logra el 51 por ciento de la votación con doscientos cincuenta y cinco candidatos ciudadanos triunfadores que postuló, y los candidatos que compitieron de manera independiente o fueron abanderados por el Partido Nueva Alianza (PANAL), el Partido del Trabajo (PT), y el recién creado Partido López Obradorista (PALO), obtienen juntos el 48 por ciento restante.

Jubilosos, los mexicanos festejan el triunfo de la democracia. Toda ciudad, pueblo y ranchería participa exultante de la buena nueva electoral. La victoria republicana es cantada en todos los rincones urbanos y rurales del país, en especial por los niños y jóvenes, pero los adultos no se quedan atrás y también festejan lúdicamente como chamacos emocionados:

¡Hay gran fiesta nacional!

¡México ganó, venció al abstencionismo y la indolencia!

¡Méééééxico caaampeóóóóón!

¡Gol! ¡Gol! ¡Gol! ¡Gol! ¡Gol! ¡Goooool! ¡Gooooooool!

* * *

Dos años después de aquel triunfal cenit de la democracia mexicana, el país avanza en todos los rubros deseables. La economía empieza a ser boyante, aquellas crisis recurrentes fueron superadas permitiendo así salvaguardar la cuestión alimentaria; y la misérrima situación financiera que obligó al pueblo a acudir a las urnas en busca de un desesperado cambio de régimen también ha cesado, porque se anuló la inflación al cortar de tajo la corrupción, la ineptitud, la traición y el despilfarro gubernamental en que incurrían los mexicanos de papel. El Producto Interno Bruto (PIB) crece al 25 por ciento anual, congruente a los inmensos recursos nacionales.

Por su parte, el presidente de la república, fiel a su estilo, logra tener diálogo eficaz con el Congreso de la Unión, ni siquiera fue necesario dictar línea a sus correligionarios del senado para que respetaran las iniciativas de la cámara baja, pues, como pocas veces en la historia patria, los diputados están apoderados por el pueblo mexicano; además, los otrora partidócratas del senado están rendidos a la república. Los Poderes de la Unión trabajan coordinados como nunca antes cumpliendo a cabalidad la Constitución y las leyes, y por fin asumen con seriedad su respectiva responsabilidad y liderazgo.

El establishment de los poderes fácticos es pasado del México heterónomo que tampoco existe más porque la nación evoluciona resuelta a su realización plena. Tanto es así, que incluso el pueblo estadunidense, alentado por el civismo mexicano, despierta de su letargo y exige el establecimiento de un gobierno que atienda los graves problemas de Norteamérica: el desempleo y la pobreza, y que olvide la política imperialista llamada globalización.

Todo México, con entusiasmo ineluctable, se prepara para las elecciones presidenciales del próximo año. A todo lo largo y ancho del país se conforman grupos solidarios que animan a sus compatriotas a participar en las diversas actividades políticas benefactoras de la comunidad que realizan los precandidatos a puestos de elección popular. Incluso en el ámbito deportivo los campeones alientan a la sociedad a actuar cívicamente; verbigracia, los futbolistas con cada anotación festejan el gol señalando una equis en imaginaria boleta electoral.

Ante los magníficos resultados logrados gracias a la participación ciudadana, la república comprende al fin que si ella misma no trabaja para su propio bienestar, ningún político tradicionalista tomará la iniciativa, aunque jure una y otra vez que lo hará.

¡Sí!, por todo lo anterior: ¡Votar conviene!

La técnica del disfraz

8 de Diciembre de 2013

Rebeca, la esposa de Isaac, inventó la técnica del disfraz hace cuatro milenios para que Jacob caracterizara al primogénito Esaú, ambos fueron los hijos del matrimonio. La primera víctima de esta arte teatral fue Isaac, pero en realidad toda la familia se resquebrajó y nunca pudo recuperarse de este golpe. Las consecuencias de aquel ardid todavía están presentes en nuestros días, es la historia de Israel y el pueblo judío. Jacob, quien fue bautizado por **Jesús** (Él dijo de sí mismo: «Yo Soy el primero y el postrero») con el nombre Israel, despojó de la primogenitura a Esaú a cambio de un plato de lentejas, contrato que Isaac no aceptó porque amaba a Esaú, ya que comía de su caza, pero Rebeca aprobó.

Seguramente, Jacob merecía la primogenitura porque Esaú no midió las consecuencias de cambiar sus derechos de primogénito por un plato de lentejas; la transacción parecía absurda, ¿quién tomaría en serio esa negociación? Esaú tal vez pensó que el acto era insignificante.

No fue un hecho intrascendente, el pacto tenía que cumplirse y Rebeca tomaba las precauciones necesarias para que el plan de

16

transmitir a Jacob todas las fortunas que correspondían a Esaú fuese cumplido por parte de Isaac, heredero a su vez de las bendiciones del padre Abraham. Lo que a Jacob interesaba no sólo se trataba de los bienes materiales, lo cual habría sido la suposición inicial de Esaú, sino que la declaración de venias, simultáneamente con la imposición de manos por parte de Isaac, significaba la parte más importante de la heredad.

Ocultar a Isaac las verdaderas intenciones de Jacob sobre la compra venta de lentejas era primordial, porque si Isaac se enteraba de la osadía de Jacob que llevaría a cabo la estratagema de Rebeca, resultaría muy perjudicial para ellos y dicho convenio de lentejas tendría que anularse.

Sólo había un obstáculo para culminar el despropósito de Rebeca, ¿cómo lograr que Isaac sacramentara a Jacob con las bendiciones que pertenecían al primogénito?, pues, aunque Isaac por su longevidad perdió la vista, siempre que hablaba con alguno de sus hijos lo palpaba para estar seguro que el lampiño Jacob no suplantaba al velludo Esaú como en otras ocasiones había sucedido. Jacob hacía honor al significado de su nombre: usurpador. Esaú y Jacob –hermanos gemelos– de niños jugaban intercambiando sus respectivas personalidades y se divertían desconcertando a sus padres y amigos, quienes al principio festejaban las ocurrencias de los chamacos. Aquella costumbre se arraigó en el joven Jacob. Isaac sabía de la afición de Jacob y se indignaba cada vez que lo descubría suplantando a Esaú, pero Rebeca consideraba esa posibilidad para que el pacto de lentejas se cumpliere.

La hora de la verdad llegó. Isaac llamó a Esaú para manifestarle que iba a bendecirlo con los derechos de primogénito, pero antes de agraciarlo pidió a Esaú que saliera a cazar y preparara un exquisito tatemado. La ocasión para el banquete era oportuna, sería día memorable. Para su propia desgracia, Esaú no advirtió a su padre Isaac que la primogenitura correspondía a Jacob, no tenía intención de cumplir la palabra empeñada y entusiasmado salió a la caza de un apetitoso montés para complacer a su padre, no imaginaba la traición que Jacob y su madre Rebeca urdían contra Isaac.

Ominosa, sin duda, era la acción de Jacob a quien no importaba insultar la inteligencia de su padre Isaac; sin embargo, Jacob no violaba el mandamiento de Dios que estipulaba las canonjías del primogénito, pues Esaú bajo juramento vendió la primogenitura. El caso es que Jacob se había planteado recibir los privilegios familiares y para esto contaba con la complicidad y el ingenio de su madre Rebeca, de quien era el hijo predilecto; únicamente en ella podía confiar.

Recubriéndose los brazos y la cara con la piel de dos cabritos domesticados que Rebeca cocinó, y vestido con la ropa más preciosa de Esaú, Jacob se presentó ante su padre ofreciéndole la deliciosa comida. Isaac, perplejo por la rapidez con que Esaú regresó con el cimarrón ya cocinado, sospechó que era otro engaño de suplantación por parte de Jacob, y suspicaz tocó los brazos y la barbilla de Jacob, pero al tocar la piel hirsuta de los cabritos sacrificados, Isaac cayó en la trampa creyendo que era Esaú quien estaba presente.

Con la solemnidad que el acto ameritaba, Isaac rememoró a su padre Abraham y mencionó los pormenores de las bendiciones de primogénito. Ahora, ante Isaac se encontraba el beneficiario de estas bienaventuranzas y, colocando las manos sobre la cabeza del muchacho, confiado en que su amado hijo Esaú recibía el sacramento, en rigurosa ceremonia bendijo a Jacob. Cuando Esaú volvió del campo, Isaac descubrió que había sido engañado, y Esaú, al enterarse de los acontecimientos, juró que mataría a Jacob el mismo día en que su padre muriere. Sin embargo, Rebeca se enteró de la amenaza de Esaú, por lo cual una vez más manipuló a Isaac para librar a Jacob de peligro, a quien envió a la región lejana de Padam-aram, ¡para gestionarle esposa!, con el argumento angustioso: «Fastidio tengo de mi vida a causa de las hijas de Het, ¿Para qué quiero la vida si Jacob toma mujer de las hijas de nuestro vecino Het?»

Originalmente, los implementos utilizados para degenerar el rostro eran burdos, como la piel de los cabritos que Jacob usó para simular la barba. Tiempo después, mientras se afinaba la técnica, más partes de la cara podían transformarse usando piezas de madera tallada, piel curtida, peluca, dentadura postiza, y cualquier otro objeto utilizable para modificar rasgos fisonómicos. En nuestros días, un hato de disfraz completo debe contar con bastón, muletas, tacones, zancos, cojines, botarga, peluquín, pupilentes, cejas y pestañas postizas, etcétera, sin soslayar los materiales imprescindibles de la técnica: silicón, látex, pegamento y tinta para la epidermis. En casos extremos están quienes recurren a cirujanos plásticos para modificar temporalmente el rostro o arreglar alguna imperfección física como una cicatriz en el cuello o un dedo meñique cercenado que pueda exponerlos a ser descifrados. También debe considerarse que un buen disfraz sólo es convincente con una excelente actuación: impostación de la voz, tics nerviosos, actitudes persuasivas o disuasivas, simpatías, enfermedades, y todo lo que sea útil para el artificio, incluso fingirse loco, como hizo el rey David cuando tuvo necesidad de entrar a Filistea para sobrevivir.

Durante el proceso de la asunción de Jacob a primogénito, Rebeca utilizó tanto la técnica del disfraz como la actuación para lograr sus fines. Ella es la madre de estas dos profesiones. Algo tenía Isaac que Rebeca así se las ingeniaba, ¿no te parece?

Si una persona utiliza los mejores equipos realistas que existen hoy en día para disfrazarse, pero no modifica su ego con la caracterización, sino que soslaya esa parte fundamental de la técnica del disfraz, puede tener la certeza que, en lapso razonable de trato cotidiano, será plenamente descifrada y descubierta. Por otro lado, un anticristo disfrazado de ángel que transforme su yo interno pasará por verdadero santo o pastor cristiano así se trate de un belcebú.

En el primer siglo de la era cristiana, Roma comenzó la persecución y genocidio contra la iglesia, finalizando dicha cacería en el siglo IV cuando el emperador Constantino se convirtió en el primer papa de la historia al darse cuenta que los cristianos proliferaban a pesar de las masacres, viéndose obligado a sincretizar la religión romana con simbolismos cristianos y declararse vicario del Dios israelita. Así surgió la religión católica. Una de las fallas trascendentales de aquella represión abominable consistió en que el imperio romano se infiltró en la iglesia de **Jesús** empleando espías con la vil tarea de descubrir grupos congregacionales que se ocultaban para estudiar las Escrituras y los Evangelios.

Cada espía que existe en el mundo es una daga de dos filos. Debido a los resultados que obtuvo Roma en el fallido exterminio cristiano, es evidente que muchos de estos espías recularon contra el imperio romano. Incluso el emperador romano que se consideraba a sí mismo Dios terminó deponiendo esa supuesta divinidad para proclamarse sucesor del apóstol Pedro y fiel siervo del humilde Mesías judío. ¿Cómo ocurrió este grave error estratégico del ejército romano tan disciplinado, leal, poderoso como ninguno sobre la Tierra, y que nadie se atrevería a traicionar?

Interrogante difícil, por lo que este cuestionamiento asaltó al emperador Constantino que desesperado vistió ropas comunes y así disfrazado se infiltró en la iglesia cristiana sin avisar a sus soldados. De esa manera, Constantino hizo honor a su nombre y tenaz constató personalmente, gracias a la información que la iglesia primigenia divulgaba y la filosofía de amor que practicaba, que existía un hecho histórico irrefutable: la crucifixión, muerte y resurrección de **Jesús** de Nazaret.

Una eventual traición en el cuerpo de espionaje de un país, institución, empresa transnacional o cualquier otro organismo de inteligencia ocurre siempre porque el ser humano es impredecible cuando se confronta a sus propias convicciones. Por tal motivo, dichas organizaciones secretas procuran alistar individuos sin escrúpulos, dispuestos a traicionar incluso a sus propios padres, hermanos o hijos si es requerido –lo cual por cierto ocurre con frecuencia–, ya que los espías, utilizando trampas abyectas como la coacción hipnótica inicial de manipulación transitoria, aunada a extorsión o soborno, reclutan a personas de moral laxa entre familiares, parientes y demás allegados de sus víctimas. Esto no debe sorprender a nadie, sólo recordemos la rivalidad entre Jacob y Esaú, la cual zanjó gracias a mediación divina, pues los padres Isaac y Rebeca fueron dominados por aquel conflicto familiar.

Ante la grave situación experimentada durante la persecución a la iglesia cristiana, donde los espías romanos eran transformados en fieles de **Jesús** gracias a la realidad histórica y la empatía que generaba el cuerpo de la iglesia, la técnica del espionaje implementó el relevo múltiple de caracterización empleando "espías contrafiguras [sic]" –dobles– para evitar al máximo las conversiones.

El relevo múltiple consiste en suplantar a un espía –el protagonista– con varios agentes secretos. Cada espía secundario interpreta por tiempo definido al personaje del espía protagonista. Así es difícil que los agentes de espionaje logren ser convertidos por las víctimas, pues el poco tiempo que están en la caracterización del espía protagonista no les permite mantener relación duradera ni empatía alguna debido a que son varios los testaferros de un solo personaje.

El relevo del espía protagonista requiere extremo cuidado para evitar que sea descifrado; a esto se debe que los mejores espías son actores y actrices profesionales, de esos que actúan en obras de teatro, películas y telenovelas, pues no basta un buen disfraz fisonómico con máscara realista, también es necesario efectuar con maestría la suplantación de la personalidad y el carácter distintivo del personaje.

En ocasiones, para realizar el relevo del personaje espía se necesita el enajenamiento momentáneo de la víctima por medio de droga hipnótica para que no perciba las diferencias fisonómicas del espía secundario que suplanta al protagonista, personaje clave en la organización enemiga, o en la familia engañada, que no se percata de la infiltración. No obstante, si alguno de los espías secundarios es susceptible de ser descifrado, el espía principal lo releva de inmediato para confundir a la víctima que pudiese haber descubierto la farsa, pero esta modalidad tiene grave defecto, porque cuando la víctima ha descifrado a uno de los espías dobles, no cambiará su parecer aunque la hipnoticen para tratar de disuadirla, al contrario, van a corroborar la sospecha de la víctima y el espía protagonista quedará expuesto.

En cuanto a la calidad del disfraz, debo precisar que algunos disfraces son exigentes, pero otros únicamente requieren un alocroísmo en la piel y algo de impostación en la voz. Para colorear la epidermis hay maquillaje normal y tinta indeleble, usar uno u otra depende de la actividad y el tiempo que dura el disfraz. También existe medicamento para estimular la producción de melanina en la piel blanca. Así, muchas personalidades del espectáculo pueden transitar sin problema por calles concurridas o salir de compras al supermercado sin ser descubiertas, simplemente atezan su piel caucásica con maquillaje café y no hay quién las reconozca.

Simpática e impetuosa actriz y modelo aceptó durante una entrevista que ella tiene la costumbre de salir disfrazada a la calle, incluso de transportarse en el democrático microbús. Me consta que dicha confesión es verdadera porque años antes de aquella entrevista la vi subir al microbús en el cual yo viajaba. En el momento de bajarme del colectivo, le jugué una broma. Mencioné sovoz el nombre de esta hermosa actriz, muy cerca de ella, sin voltear a verla, y reaccionó con sobresalto como si hubiese recibido leve descarga eléctrica. Dicha actriz es divertida, bella, inteligente, protagonista excepcional de telenovelas, pero como conductora de revista es ruda, parece luchadora, de armas tomar. Bajé rápido del microbús, *¡no vaya a ser!*

Anécdotas igual a la anterior recuerdo varias, sin embargo, no todas son divertidas ni me interesa dar nombres de los involucrados, pues a pesar que hay espías mortificando a personas inocentes, otros son favorables a la sociedad cumpliendo la misión de salvaguardar el Estado de derecho y la seguridad nacional. El problema consiste no sólo en detectar a los espías delincuentes, sino que también debemos terminar con el sistema político pro homosexual –homosexualista– que anima a esta clase de abusos gubernamentales contra el pueblo mexicano.

En cada escuela del país existen niños, niñas, jóvenes, profesores y empleados en general de planteles educativos que están activos sirviendo como espías inmorales, corrompiendo a la niñez y juventud más distinguida de México mediante la perversión sexual, éste es el eje en torno del cual se mueven las cofradías del establishment, ya que

23

es la mejor garantía de *secretidad* y lealtad: el usufructo de la inmoralidad sexual.

Si alguien cree que es falso lo que afirmo, ¿por qué razón a cadetes que expulsan por homosexuales de planteles militares, cuando no los utilizan para prostituirlos en las calles del puerto veracruzano o la calzada de Tlalpan, los reclutan en el servicio de inteligencia, pero otros homosexuales tienen permitido continuar en dichos planteles militares? ¿Será porque los homosexuales que no son expulsados vienen de tiempo atrás trabajando para el sistema inmoral? Pregunto esto sin exceptuar a los 'cadetes' pederastas que en realidad son actores profesionales disfrazados, contratados por las autoridades militares con la intención malvada de seducir a cadetes utilizando drogas hipnóticas para trampearlos, y algunos de los cuales doblan la edad de los donceles.

Un diputado federal de la anterior legislatura citó una misantropía con la que manifestó, grosso modo, que no hay hombre guapo ni mujer hermosa que no sea inmoral sexualmente hablando. Fue tachado de misógino por parte de las diputadas *misándricas* –androfóbicas–, sin embargo, esa es la pretensión de las cofradías heterofóbicas, reclutar todo hombre y mujer que se distinga del resto, ya sea por inteligencia, hermosura o cualquier otra virtud, pues ellos a su vez serán los mejores activistas inmorales.

La situación se agrava cuando los pervertidores utilizan recursos psicológicos para alienar a sus víctimas mediante drogas hipnóticas, engañándolas con la falsa afirmación que ellas son homosexuales y que cualquier cariño o sentimiento de amistad a sus congéneres es inmoral. No obstante, cuando las víctimas tienen plena convicción moral y seguridad en su heterosexualidad porque así han decidido ser, es obvio que no aceptarán la supuesta homosexualidad, y, por no enterarse que fueron manipuladas hipnóticamente de manera transitoria para cometer algún acto inmoral, o sufrir alguna sugestión como interesarse inconsecuentes por un congénere, prefieren suicidarse; esto, debido a la depresión anímica incontrolada que sufren por falta de madurez emocional característica de la etapa juvenil. Además, los espías del corrupto establishment cuando no pueden pervertir a sus víctimas las prefieren muertas, por lo que si estas no deciden quitarse la vida, son ellos quienes las inducen al suicidio.

Siempre ha habido voces alertando que la Sodoma y Gomorra de esta época procede del Vaticano. La inmoralidad sexual vaticana es su sistema de control político cuando la explotación de la fe no basta y tiene cómplices homosexuales en los gobiernos y medios masivos de comunicación occidentales. A pesar de las denuncias por pederastia clerical nadie había reconocido este problema; sin embargo, recién nombrado el Papa Francisco aceptó que existe una cofradía "*lobby gay* [sic]" homosexual en la curia romana. Entonces sí hay homosexuales en el Vaticano y se autonombran representantes de dios en la Tierra, ¿de cuál dios? El apóstol Pablo llamó al espionaje romano «el misterio de la iniquidad [2 Tesalonicenses 2:7]», y el capítulo uno de la Epístola a los romanos hace referencia a los homosexuales que conforman esa archicofradía occidental.

Los homosexuales son sexópatas porque su aberrante práctica es contra natura; científicamente se ha descubierto que la homosexualidad en perros y pingüinos se debe a una psicosis; muchos de estos psicopáticos han logrado sobresalientes puestos políticos y en México impusieron que la Suprema Corte de Justicia de la Nación (SCJN) avalara el anticonstitucional 'matrimonio' entre pederastas, también legalizó para los homosexuales la adopción de niños y niñas, sus víctimas preferidas.

Los políticos homosexópatas asimismo lograron que la palabra maricón haya sido prohibida por la homosexualista SCJN, esto es tan absurdo como su inmoralidad. Con esa medida pseudojurídica, los magistrados prevaricadores que consintieron este abuso político implícitamente prohibieron la *mariconera* –bolso de mano para hombres–, muchos en el estado de Sonora la usamos, y no somos maricones.

Lo peor del espionaje gubernamental mexicano utiliza la técnica del disfraz, el uso de somníferos en spray para allanar viviendas, la manipulación hipnótica con psicotrópicos, la inmoralidad sexual y el asesinato; en pocas palabras, es el impune crimen organizado en su versión más cruel actuando contra ciudadanos inocentes y menores de edad. Hay que hacer algo, urge un sistema de inteligencia ciudadano no militarizado que sirva de contrapeso a los fascistas, delincuentes gubernamentales sirvientes de cofradías adversas a la moral del pueblo mexicano.

Los inmorales sodomitas se dan el tiempo necesario para organizar los ataques, sus mejores efectivos son reclutados desde la niñez, en la mayoría de los casos son sus propios hijos, en esa temprana edad los enseñan a disfrazarse para actuar contra otros menores en las escuelas.

La violación sexual ocasionada a una niña de seis años de primer año de primaria por parte de cuatro niños de once años de edad, que ocurrió en el sanitario de la escuela el 7 de noviembre de 2013, en el estado de Sinaloa, cuyos hechos fueron encubiertos por las autoridades escolares tal vez porque el padrastro de uno de los niños acusados es magistrado del Segundo Tribunal Colegiado del Estado, es un caso típico del modus operandi de esa cofradía fascista que denuncio. Muchos de estos niños con el paso del tiempo llegan a ser famosos del espectáculo, pues es común que el espionaje lleve aparejada una carrera artística.

Debe existir registro genómico de cada niño y niña en los planteles educativos para evitar la duplicidad de personalidad y el uso de seudónimos, y archivar estos datos para posteriores cotejos.

Cuando ingresé a la Policía Federal en el año 2007, los reclutadores, en el momento de tomar el registro dactilar de cada aspirante, utilizaban una jerga empapada de agua para restregarla en las manos de los agentes noveles con la finalidad de detectar a quien se hubiese colocado huellas dactilares postizas o maquillaje café para intentar causar alta con falsa identidad en la institución policial.

Los delincuentes conocen muy bien la técnica del disfraz y la utilizan para su propio beneficio en agravio de los ciudadanos, por lo que es menester alertar a la sociedad sobre este grave problema. De manera inexplicable todavía nadie en los medios masivos de comunicación mexicanos ha dicho nada sobre la técnica del disfraz realista y su aprovechamiento por los delincuentes. Los presentadores sensacionalistas del espectáculo noticioso cuando mucho publican varios retratos hablados de algún delincuente con el rostro degenerado por igual número de disfraces, e invitan al público a denunciar, en su caso, la localización del sujeto, pero no muestran imágenes del sospechoso con cambios de color en la piel; y no hacen esto porque los mismos presentadores de noticias utilizan el maquillaje café para atezar su piel y ocultar su personalidad con el fin de infiltrarse en movimientos nacionalistas de izquierda, como el denominado Movimiento de Regeneración Nacional (MORENA). En la televisión mexicana hace falta un buen reportaje profesional sobre la técnica del disfraz realista y la caracterización.

El asunto del espionaje en México es muy delicado, por lo que apremia la instauración de una organización no gubernamental especializada para regular el funcionamiento de las entidades secretas. La ciudadanía debe tomar una resolución respecto a este peligroso y perjudicial problema, ya que la familia es el blanco principal de los agravios.

Todos y cada uno de los servidores públicos, lo mismo civiles que militares del gobierno mexicano en los niveles federal, estatal y municipal, deben estar identificados a detalle y mantener registro personal en el Instituto Federal de Acceso a la Información y Protección de Datos (Ifai). Junto con esta medida, todos y cada uno de los actores y actrices mexicanos o extranjeros residentes en nuestro país, así como todos y cada uno de los empleados que trabajan en los medios masivos de comunicación, privados y del Estado, también deben identificarse ante el Ifai mediante la Secretaría de Gobernación y ser supervisados durante el proceso de registro por una organización no gubernamental contra delitos de espionaje. Esto, para cotejar las cédulas fenotípicas a efecto de detectar duplicidad de personalidad. Cuando esta propuesta sea implementada, dará muchas sorpresas, lo aseguro.

¿Necesitamos tener otro secretario de gobernación registrado en el padrón electoral de un país europeo como ocurrió en años recientes? Si esto ocurre en nuestro país al más alto nivel gubernativo, ¿qué está pasando a niveles inferiores?

¿Qué esperas para tomar la iniciativa de liberar a México de este yugo extranjero que nos imponen los mexicanos de papel? Por lo menos, no te abstengas de votar cuando corresponda, y tampoco cometas la necedad de vender o anular intencionalmente tu voto.

Operación Sodoma

1 de Abril de 2013

Producciones @Cibergrillo presenta:

Operación Sodoma. Misiva infiltrada

Para: ministro@minmar.gob.ne

De: gustavomarsanto@email.com

Asunto: Respuesta a: Hola.

Dedicado a estar en casa, pervivo en mi ciudad natal Heroica Guaymas. Tengo todo el tiempo libre; luego entonces, leo mucho y también me divierto en Twitter, veo televisión, salgo a caminar, cultivo arbolitos, juego con mi gata Bikina y sus tres crías: Fortino, Bartolo e Indalecio (FBI); entre otras terapias ocupacionales que realizo para no deprimirme por falta de trabajo.

Los únicos empleos disponibles para mí en Heroica Guaymas son paupérrimos, pagan el sueldo mínimo y esto no alcanza ni siquiera para los refrescos y el transporte.

Permanezco desempleado, a la expectativa de mejor oportunidad. Mi familia me apoya, la ayudé cuando podía hacerlo y ahora sabe agradecerme. También estoy en una asociación ejidal donde todo va de maravilla.

Tal como te comenté ayer por teléfono, estoy obligado por las circunstancias y por unos criminales del Ministerio del Mar-Armada de Nueva España (Minmar), homosexuales de ropero de quinta categoría, ya que todo mundo sabe que son de esa calaña, quienes no me han dejado en paz, al igual que mi expadrino diabólico Sergio Israel Corona Nava-Bracamontes –la acusación es seria, él es satanista–, ahora militar retirado del Ejército, quien ha estado haciéndome daño desde, por lo menos, el sexto año de primaria, ciclo 1979-80, cuando adulteraron el agua de algunas de las botellas que nos repartieron a todos los niños mientras nos formaban en filas sobre el patio central de la Escuela Primaria Lázaro Cárdenas del Río, para hipnotizarnos, a mí y a otros niños. Los victimarios fueron selectivos, no a todos los niños hipnotizaron.

Recuerdo bien aquella hipnosis en el sexto año escolar –tenía once años de edad– porque por primera vez bebí agua embotellada, en botella normal de plástico transparente, sin etiquetas ni leyendas y de trescientos cincuenta mililitros, con tapón azul; agua que el ayudante del hipnotizador me obligó a ingerir, pero esto no hizo con los demás niños a mi alrededor. Cuando me ordenó que la bebiera, respondí: "No tengo sed". —No importa, ¡bébela! –me apremió. Tuve que ingerirla a la fuerza.

30

No sé qué ocurrió durante aquellas horas o minutos que estuve sedado, nadie me comentó nada sobre ello. No recuerdo haber pasado al estrado donde el hipnotizador realizaba el espectáculo con los primeros niños enajenados por la droga que el ayudante malicioso los obligó a consumir.

Salí del trance en la aula. Un niño estaba castigado, de pie frente al grupo porque el maestro lo reprendió por algo malo que el niño hizo. Dicho niño volteaba a mirarme con insistencia, especialmente a mí; de hecho, desperté con él observándome mientras yo permanecía sentado en mi mesabanco; fue una circunstancia paradójica ya que el niño no tenía el rostro compungido por el castigo como sería de suponerse, al contrario, se mostraba despreocupado y sonriente, en control de la situación.

La segunda ocasión que vi a este niño fue tres años más tarde en un entrenamiento de voleibol en la Escuela Secundaria Técnica número 30 y aparentaba ser joven mayor que yo. Por disposición del profesor de educación física, él impartió la práctica de aquel único día que asistí, en la cual me hostigó con críticas *homosexualoides*. Fue tan incisiva y fuera de lugar su terquedad, que uno de los estudiantes me instó a reportarlo al prefecto, pero opté por no presentarme más al entrenamiento.

En junio de 1985 volví a verlo por tercera ocasión cuando hacía exámenes junto conmigo para ingresar al internado de la Heroica Universidad Naval Militar (HUNM), siendo ambos egresados de la generación 85-90. De aquella vez en adelante se ha comportado prudente, él y sus personajes que interpreta.

En agosto del año pasado intentó una escaramuza, caracterizó a uno de sus compañeros del Ministerio del Mar amigo mío, el capitán Lozano, mas finalizamos saludándonos como si yo no me hubiera dado cuenta de su fallida trampa y disfraz. Continúa rondándome, da sus vueltas de vez en cuando. Es Jorge Cruz Salinas Castro-Martínez.

Hoy en día, a la luz de los hechos, sospecho que el profesor de educación física de la secundaria estuvo involucrado en aquel ardid del entrenamiento, porque años después cuando ingresé a la HUNM encontré que él se desempeñaba allí como instructor deportivo, con otro nombre, por supuesto. Además, en la escuela secundaria yo nunca iba al entrenamiento de voleibol y él me insistía a diario para que acudiera. El único día que asistí a la práctica fui cruelmente tratado como ya describí. Después de aquel día del acosamiento, el profesor deportivo no me molestó otra vez con sus invitaciones a entrenar.

Dicho sea de paso, también el psicólogo de aquella secundaria cometía actos viles y perversos. Según me notificó un familiar, el psicólogo violaba a niñas de la escuela en el consultorio, previa hipnosis. Personal de limpieza descubrió en el año 1985 varios fetos en los cestos de basura del baño de mujeres. Fue así como iniciaron las investigaciones y las autoridades dictaminaron que aquellos abusos sexuales eran infligidos por el psicólogo. Como consecuencia del escándalo por las evidencias y denuncias de algunas niñas, el psicólogo pederasta huyó. El violador posteriormente ingresó –o tal vez regresó a su verdadero empleador– al Minmar, y por azares del destino me topé con esa misma persona en el año 1993 en el hospital naval de Mazatlán, donde me percaté que había niñas de secundaria realizando tareas escolares y eran sus alumnas. Este psicólogo ostentaba el grado de teniente de navío; debía entrevistarme con él, pero en cuanto me miró, sin pronunciar palabra dio media vuelta y no volví a verlo sino en el año 2010, en la colonia Sahuaripa de Heroica Guaymas, y sospecho que aquel día estaba espiándome por parte de la Gendarmería Nacional.

Referente a mi compañero de grupo apodado El Abuelo, en la preparatoria Centro de Estudios Tecnológicos (CET) del Mar de Heroica Guaymas, en el año 1985; entró de oyente empezando el tercer semestre, y cometió el exabrupto de presumir que trabajaba en el gobierno federal como agente secreto comisionado a espiarme; lo cual motivó que todos en el salón riéramos y asumiéramos como broma aquella confesión, excepto el ingeniero Enrique Rocha que nos impartía la clase, quien consideró delicada la inusitada información.

Este dichoso compañero también ingresó a la universidad naval en 1987, dos años después de mí; conservó su apodo de El Abuelo, y pude identificarlo a pesar que rasuró su barba y bigote, pero negó que fuera el mismo sujeto; se dedicó a calumniarme en todo aquel tiempo que estuvo internado conmigo en la HUNM, en el mismo dormitorio. Esa infamia de El Abuelo fue su moneda de cambio para poder ingresar con dispensa de edad a la HUNM, y seguramente fue la misión que el padrino diabólico Sergio Israel Corona Nava-Bracamontes asignó para él.

Manuel F. Rosa de Guadañupe tiene conocimiento pleno de este asunto y está de acuerdo con todas las perversidades que hacen los espías delincuentes para agraviarme, actos execrables que ni a los animales se deben provocar.

El presidente de la Comisión Nacional de los Derechos Humanos (CNDH), Raúl Placentero Villanova, ha trabajado con Rosa de Guadañupe en materia legislativa sobre este rubro de los derechos humanos. Cuando Rosa de Guadañupe era el senador de la república más influyente en su momento, y el de mayor capacidad política en el Congreso de la Unión, se promulgó una ley que amplió las facultades de la CNDH, tanto fue así, que Placentero Villanova ha reconocido públicamente el aporte de Rosa de Guadañupe. Pero la verdadera

33

impulsora fue Rosario Ibarra de Roca, presidenta de la Comisión de los Derechos Humanos del Senado en aquella legislatura. No pudo haber sido de otra manera, ya que Rosa de Guadañupe pertenece y ha sido protagonista del régimen autoritario que en el año 1975 'desapareció' a un hijo, estudiante y activista político, de la legisladora mencionada, auténtica luchadora social. Por consiguiente, Placentero Villanova no tiene interés en investigar para esclarecer mi caso, además, Rosa de Guadañupe continúa con fuero legislativo porque ahora es diputado federal.

Hace treinta años, en la playa Los Algodones de San Carlos, Sonora, durante el festejo de semana santa del año 1983, yo estaba por cumplir quince años de edad, me encontraba sentado sobre la arena entre la multitud de turistas, en la orilla de la playa contemplando el mar.

Cuando volteé a la izquierda de la playa, pude apreciar que tres personas del sexo masculino, de mediana edad, marchaban unidas hombro con hombro, vestían tanga como traje de baño, una de ellas me señaló y las tres me observaron de reojo, quienes al sentirse descubiertas por mí, discretas desviaron su vista al frente sin detener su caminata dudosamente marcial.

En aquel tiempo ignoraba quiénes eran estas personas; ahora sé que el sujeto de la izquierda que primero indicó mi ubicación fue el padrino diabólico Sergio Israel Corona Nava-Bracamontes; al centro caminó Manuel F. Rosa de Guadañupe; y omito el tercer nombre, el de la persona que menos disimuló. En el instante de desatender a estos individuos cavilé como si tuviese una premonición: "Esos tres son maricones. Que nunca se me olvide lo que acabo de ver, pues me estaban espiando".

Por otro lado, concerniente a la Gendarmería Nacional donde fungí como comandante de sección unos meses en el año 2007, tuve que renunciar porque trataron de asesinarme.

Descubrí que me estaban intoxicando con un pigmento negro, tóner de impresora. Con esa sustancia adulteraban el agua que yo bebía. También me dormían para abusar de mí, pero esto sólo es suspicacia; únicamente tengo indicios de ello porque en cierta ocasión desperté en un vagón del metro de la ciudad capital donde recobré la conciencia en el momento en que platicaba con un compañero gendarme – caracterización realizada tal vez por el actor Diego Amós Zurrutia, asesorado en aquellos días por el actor Maricelo Córdovas–, ambos vestíamos de civil. Así mismo, anduvieron en la gendarmería Gabriel Sotomayor y Lambderto García, entre otros actores y actrices que no me provocaron problema, ¡al contrario!

Mi estimado Alcázar, no te alteres por esto que cuento; parece locura, pero es realidad. Tampoco es una invectiva exagerada. Tómalo con absoluta calma. Estoy acostumbrado a este tipo de situaciones porque son muchos años de batallar. He tenido que actuar simuladamente para sobrellevar los embates que me ocasionan servidores públicos de las instituciones de inteligencia gubernamentales y sus agencias privadas; dicho en otras palabras, para sobrevivir me he visto obligado a asumir personajes que se adapten mejor a las circunstancias, transigiendo con los histriones y demás empleados espías, principalmente de las televisoras Televica y Tv Esteka, subvencionados por el gobierno federal, quienes también controlan las aduanas del país debido a la 'modernización' que Carlos Salitres llevó a cabo contra el Resguardo Aduanal durante su gestión como presidente de Nueva España. Tienen tanto poder político, que un día pueden despachar en la aduana nacional y al día siguiente estar adscritos con otro alias trabajando en la aduana estadunidense, o viceversa.

Después de cinco años de no tener noticias de ti, me ha dado mucho gusto comunicarme de nuevo contigo. Es magnífico que al fin hayas logrado acomodarte como asistente del ministro en esa área estratégica del servicio público.

Te envío un afectuoso abrazo.

Cambiaré de tema en la próxima carta para no asustarte más. Como bien te consta, aunque es verificable y auténtico todo lo que te he confiado, en realidad es el discurso de una imaginación a la que hace veinte años un médico psiquiatra adscrito al Minmar tuvo a bien diagnosticarle trastorno delirante paranoide crónico porque así ordenó un superior jerárquico, según confesó él mismo.

Saludos.

Gustavo Marsanto

P. D. Los homónimos, si los hay, son por simple casualidad; así como las circunstancias descritas que puedan compararse con las realidades de algunas personas, son las típicas coincidencias. Esto, siempre y cuando no procedan efectos legales ocasionados por alguna denuncia ante el ministerio público contra el autor, en este caso, la presente historia se tomará como si fuese parte de la vida real. Asumo el riesgo aun sabiendo que los fiscales están al servicio de la impunidad, de esto hay harta evidencia como a todos consta. Este relato continuará.

Golpe de calor

6 de Marzo de 2013

Muy agradable es vivir en Heroica Guaymas durante el semestre comprendido entre los meses de noviembre a abril, inclusive. En la otra mitad del año, de mayo a octubre, la temperatura varía de caliente a extremosa, manifestándose la insoportable canícula en los meses de julio y agosto.

En esos meses, la humedad atmosférica provoca sensación de calor próxima a los cincuenta y cinco grados centígrados. Es tan calamitosa que algunas personas mueren por el llamado golpe de calor, la insolación. Tal parece, a los únicos que agrada esa temperatura – aparte de los turistas que recurren a las playas para asurarse– es a los escarabajos, en especial a los de la especie esmeralda, pues ellos abundan durante esa temporada, son de color verde en tonalidades metálico y mate, preciosos. También está el escarabajo capricornio, entre otros insectos.

En cierta ocasión salvé de morir ahogado a un escarabajo esmeralda muy pequeño, era casi idéntico al escarabajo esmeralda normal, pero con redondez y tal vez la tercera o cuarta parte de su tamaño. No he vuelto a ver otro de esa misma especie. A veces, cuando remuevo un poco de tierra encuentro la oruga del escarabajo, se distingue muy fácil por su contrastante color verde.

En el verano de 2010 una plaga de más o menos trescientos escarabajos esmeralda –¡eran muchísimos!– de manera repentina llegó volando y cruzó a través de árboles frondosos del barrio, donde se detuvo unos instantes y continuó su derrotero sin entretenerse demasiado.

Nunca había mirado y escuchado a plaga tan abundante de escarabajos. Los escarabajos me rodearon y por poco atrapo uno. El ruido que producen sus alas –aunado a su maravillosa coraza verde brillante con relieves de su capote en mate aceituna y ocre– da símil a diminuta nave aérea. Estos escarabajos son frugívoros y se deleitan con los mangos de la clase Tommy, pues los privilegian por encima de las otras dos variedades de mango que hay aquí en mi barrio –la colonia El Mirador Playitas– que, como dice el Chavo del Ocho: No vale ni un centavo, pero es linda de verdad.

Siendo un mediodía de finales de mayo del año pasado, yo caminaba por una calle del barrio lindante a terrenos baldíos cuando tuve terrible sensación de una energía mortal, como si fuese una burbuja de plasma transparente conteniendo en su interior un objeto amorfo de manchas color blanco y negro, que caía fulminante desde la estratosfera –pude verla–, y la cual potente azotó mi pecho adentrándose en el tórax, golpeó las vísceras y encontró acomodo a la altura del riñón izquierdo; allí estancó y no la sentí más.

Sufrí fuerte conmoción, un vahído que casi me derriba y me priva de los sentidos, debido a lo cual para conservar el equilibrio detuve por instinto uno de mis pasos en el instante del impacto; acto seguido, me rehusé a lamentarme del daño que me provocó aquel proyectil enervante y continué caminando. Me repuse de inmediato como si no hubiese pasado nada, pero la inquietud y perplejidad causadas por aquel fenómeno visionario aún permanecen en mí. Creo que se trató no tanto de un síntoma paranoide provocado por alimentos adulterados con drogas alucinógenas, sino de una premonición por algún eventual acontecimiento informativo que afectará a mi persona, mas la explicación del por qué llego a esta conclusión, con la finalidad que sea verosímil, la daré cuando ocurra tan singular evento, lo cual espero este año.

Los escarabajos esmeralda fueron prolíficos en el año 2010, vamos a esperarlos este año 2013 para ver si regresa aquella plaga que tanta alegría causa en los niños, quienes disfrutan atrapándolos y amarrándolos con un hilo para tenerlos como sus mascotas voladoras. Así juegan con ellos hasta que los dichosos coleópteros –agradecidos por haberse convertido en juguetes según la creencia infantil– pasan a mejor vida.

He aconsejado muchas veces a los niños que ¡no amarren escarabajos! porque ese juego tal vez no agrada a dichos insectos, pero ellos siempre contestan: ¡Tú estás loco, eres un torombolo!

Son niños muy inteligentes.

Los reporteros republicanos

18 de Abril de 2012

Una medida toral para realizar el cambio social requerido por México a efecto de luchar contra la subcultura de la transa, la corrupción, el crimen, la partidocracia, es la denuncia ciudadana.

Por ejemplo, la extorsión, la cual existe desde que el PRI es PRI y es parte fundamental de su sistema, pero nadie denunciaba porque resultaba contraproducente. Incluso ahora no existen autoridades encargadas de combatir la extorsión a comercios establecidos y ni siquiera está debidamente tipificada en algunas legislaturas estatales.

¿Qué ocurre? ¿Acaso el gobierno ignoraba que los comerciantes eran extorsionados por delincuentes con el cobro por derecho de piso y falsa protección?

Por supuesto que no, porque el crimen organizado había estado en todo momento controlado por los gobiernos priístas. Sucedió que con el cambio de partido en la presidencia cada quien 'jaló para su milpita', es decir, veló por sus respectivas ganancias deshonestas, ignorando la nueva cabeza presidencial.

El actual gobierno apenas unos tres años atrás dio cabida al tema de la extorsión, ocurrió como en el genocidio de Tlatelolco de 1968, transcurrieron treinta años para que Televisa pudiera dar la noticia de aquella matanza. El gobierno conoce todo, no existe una mínima actividad criminal ignorada por el gobierno. El sistema de inteligencia es absoluto en todo el territorio nacional y más allá de las fronteras mexicanas. Sin embargo, tanto al gobierno mexicano como al estadunidense conviene un sistema híbrido de gobierno, donde haya democracia, sí, pero también un poco de anarquismo, pues a los grupos de poder no les viene nada mal para los negocios. Que me desmienta el operativo Rápido y furioso… no puede.

El sistema de información gubernamental no sirve a la ciudadanía, al pueblo, ni la democracia, sino a grupúsculos conformados al crimen organizado, los cuales alimentan el anarquismo que ha podrido gran parte de las instituciones sociales, y el pueblo sufre esta calamidad en carne propia porque sus nuevas generaciones son vulnerables y fáciles de corromper; esto, provocado por el establishment para que el sistema anárquico abuse de nuestros jóvenes sin que opongan mayor resistencia, cayendo así en la vorágine de gobierno corruptor, sociedad esclava y corrompida.

No obstante, sí puede haber soluciones, una de ellas sería que los sistemas de inteligencia que ahora sirven a los grupos de poder beneficien a la ciudadanía. ¿De qué manera los ciudadanos podríamos cumplir esta misión imposible?

La forma lógica para lograr que los servicios de inteligencia sirvan a la democracia y no a los grupos anarquistas, es reducir la actual nómina gubernamental destinada a los servicios de inteligencia del Centro de Investigación y Seguridad Nacional (CISEN) y la Interpol, así como prescindir de las agencias privadas de espionaje que contrata el gobierno, las cuales resultan perniciosas para la sociedad mexicana, no sólo por su elevadísimo costo, sino porque son muy provechosas para fortalecer al crimen organizado. Reducir 50 por ciento estos recursos para reasignarlos en un servicio de inteligencia eficaz, eficiente y republicano, el cual sea efectuado por profesionales de la información, como reporteros, periodistas y líderes de opinión, quienes han hecho de su actividad verdadera heroína de México, tal como ha quedado plasmado en nuestra historia patria, pero muchos de ellos han sido relegados por oponerse a sinrazones gubernativas nada populares como el malgasto de recursos, o por ser contrarios a intereses sectarios de poder.

Un sistema de información que utilice los servicios de aquellos reporteros destacamentados en campos de batalla ciudadanos, como los comercios legalmente establecidos, y los cuales actúan con sus reportajes contra la delincuencia organizada, donde su actividad periodística monitorea y disuade a los criminales que frenan el empleo, la productividad y el desarrollo.

Recordemos que los reporteros de los diarios más humildes fueron los primeros en denunciar las distintas actividades criminales como la extorsión, trata de blancas y contrabando, por mencionar unos ejemplos; esto, cuando era impensable que se mencionaran dichos crímenes en los programas de información televisivos.

Una vez puestos a la luz los criminales utilizados por la cara oculta del establishment para asolar a la población económicamente activa, las autoridades estarían obligadísimas a actuar, en su defecto, a renunciar, porque este nuevo sistema de información de reporteros republicanos organizaría a la ciudadanía para tomar acción contra servidores públicos corruptos, ineptos y perversos. Estaríamos consolidando así una verdadera democracia y un Estado constitucional de derecho.

Agresor homosexual Luis Roque

9 de Abril de 2012

Estabas conmigo en la comandancia de Nogales durante el periodo nocturno. En una ocasión mientras dormía me indujeron a estado hipnótico. Desperté con angustia y turbación.

¿Fue el homosexual *enmascarado* y coronel retirado Sergio Israel Corona Nava-Bracamontes quien me indujo a ese estado de inconsciencia? Tú estabas presente y en tus cinco sentidos.

¿Para quién 'trabajaron'? ¿Delinquieron para el disimulado activista homosexual Manuel F. Rosa de Guadañupe, o para los homosexuales secretos Horacio de Camil, y Toto Violante, a quienes por ser obscenos e hipócritas los denuncié en la Heroica Universidad Naval Militar?

¿Fueron ellos quienes te aconsejaron usar en el sanitario la pastilla Harpic con colorante para enturbiar el agua?

¿El homosexual *tapado* Sergio Israel Corona Nava-Bracamontes te proporcionaba los somníferos y drogas para adulterar alimentos y bebidas?

Tengo esta sospecha porque fue en aquella ocasión cuando vi una pequeña mácula de sangre en el papel sanitario, pero no pude ver el excremento porque el agua tenía colorante, habías puesto una pastilla desinfectante oscura al depósito de agua del sanitario para que yo no pudiera ver las heces ni supiera la verdad. En aquella vez supuse que probablemente había sido sodomizado, pero descarté la conjetura, pues habría sido, más que perverso, diabólico de tu parte.

Cuando el homosexópata de clóset Sergio Israel Corona Nava-Bracamontes me preguntó en febrero del año 2010 cuál fue mi intención al no protestar por el ultraje contra mi humanidad ocurrido en la comandancia de Nogales en el año 1998, contesté que fue porque esperaba que los activistas homosexuales encubiertos; refiriéndome a él, al senador de la república Manuel F. Rosa de Guadañupe, y a la célula de homosexuales *embozados* del Estado Mayor General de la Armada de Nueva España, sección segunda; utilizaran aquel material en mi agravio (videograbaron todo), con el fin que se evidenciaran en sus delitos de espionaje y violación homosexual.

Después descubrí que los espías homosexualistas no utilizaron los videos ilegales porque intentaban, además de difamarme, que me convirtiera en homosexual como ellos, mas esto último no han conseguido porque no he perdido la aversión a la homosexualidad, y porque para copular únicamente me gusta la mujer, pues la coaptación genital –el coito–, la cual brinda placer conforme a nuestra naturaleza humana, sólo es posible entre el hombre y la mujer. Sin embargo, esto no han querido entender mis perseguidores porque creen que podrían conseguir su fin abominable si lograsen confundirme con cada ataque a mi integridad sexual y emocional que me infligen previa sedación para enajenarme y despojarme de la conciencia y el albedrío.

Lamentablemente, no soy la única víctima, pues los activistas homosexuales en control de las instituciones de investigación y espionaje, tanto privadas subvencionadas por el gobierno como del servicio público, responden –entre otros– a intereses sodomitas de la religión vaticana, la cual actúa contra cristianos, muchos de los cuales han sucumbido a la homosexualidad porque nunca supieron que fueron manipulados psicológicamente para confundirlos; porque cuando los activistas heterofóbicos han drogado a sus víctimas con bebidas o alimentos adulterados, ellas no se percatan de nada, pues tienen anulada la conciencia. Cuando pasa el efecto de la droga las víctimas despiertan del estado hipnótico platicando o haciendo algo inmoral que nunca imaginaron, y no saben qué ocurrió en el intermedio: fueron dañadas en su integridad sexual, psicológica y emocional. Debido a que la memoria inmediata no queda registrada, sufren desconcierto.

Así actúan los activistas homosexuales secretos y heterofóbicos como Manuel F. Rosa de Guadañupe, Sergio Israel Corona Nava-Bracamontes y la sicalíptica célula de espías protegidos que está enquistada en la Armada de Nueva España, ¿no es así?

Afortunadamente, entre los agentes comisionados para perjudicarme hay confidentes que me alertan de su presencia, como la ocasión en que Toto Violante te relevó en tu caracterización; esto, siempre que han podido hacerlo sin arriesgar su vida o su empleo y sólo cuando yo permito el acercamiento.

En el edificio del Centro de Espionajes Superiores Navales (Cesnav) evité que el capitán Lozano me contactara, tuve que ignorarlo cuando cauteloso trataba de llamar mi atención, aunque después estuvo como oficial encubierto en la Gendarmería Nacional y comprobó que no soy homosexual en ningún sentido, pues repulso la sodomía íncuba y súcuba. Por ejemplo, el día en que estuvimos en la playa de San Carlos, Sonora, entre los agentes que nos espiaban a distancia estaba un amigo mío, incluso mencioné que por lo menos a uno de aquéllos conocía, ¿recuerdas? Tampoco olvides Luis Roque: al confesar, te liberas. ¿Tu familia está informada de la vileza que fuiste capaz de cometer para conseguir la fama y el éxito que tanto anhelabas? No lo dudo. (Aquí finaliza la epístola a Luis Roque).

Sobre la participación del soterrado activista homosexual y senador de la república Manuel F. Rosa de Guadañupe en los delitos que hago del conocimiento de la respetable opinión pública –entre los cuales está la virtual reclusión que padezco en mi domicilio–, sólo encuentro como móvil del crimen, aparte de la heterofobia, algún supuesto parentesco que tal vez tenemos; de ello no estoy seguro, pero un examen de ADN daría la certeza. Las autoridades judiciales podrían tomar el posible parentesco como línea de investigación.

En esta historia imaginaria hay varios culpables, pero el mayor responsable que se negó a cumplir con su deber desde el principio, quien actuó a favor de los homosexuales anónimos de la Heroica Universidad Naval Militar en el año 1990, en lugar de investigarlos, es el coronel retirado y licenciado criminólogo Sergio Israel Corona Nava-Bracamontes, quien es homosexual no declarado, de acuerdo con información familiar que tengo sobre él.

A propósito, el tema de la comandancia de Nogales en el año 1998 era secreto muy delicado que nunca manifesté a nadie con la esperanza de utilizarlo contra los victimarios cuando se diera la oportunidad, por tanto, si Sergio Corona sabía de los hechos, se incriminó él mismo con la pregunta sobre sus delitos en Nogales, pero tuvo el atrevimiento de cuestionarme porque supuso erróneamente que yo conversaba en estado subconsciente, afectado por el café adulterado que me había brindado su esposa minutos antes, a quien descubrí cuando de manera disimulada disolvía la droga en agua hirviendo.

El testaferro del actor Sergio Corona, Israel Nava, de inmediato se dio cuenta de su grave error porque la pregunta lo evidenció, se puso nervioso al percatarse que yo estaba aún consciente; y aunque había resuelto no dormir mi consciencia, no pude luchar por más tiempo contra los psicotrópicos que bebí con el café.

Tomé el café aun sabiéndolo adulterado para comprobar si la familia Corona había actuado repetidas veces de la misma manera, en complicidad con terceras personas a partir del año 1988, y poder constatar que estaba involucrada en estos crímenes. Así, todas mis sospechas sobre el licenciado criminólogo –alacrán con alas– Sergio Israel Corona Nava-Bracamontes y su despreciable familia, se confirmaron de manera categórica.

Escolio:

Originalmente publiqué esta invectiva en internet utilizando nombres reales de los involucrados; para evitar inconvenientes la declaré imaginaria.

El nombre Sergio Israel Corona Nava-Bracamontes representa a dos personajes interpretados por un mismo sujeto que utiliza dos identidades: Sergio Corona-Ortega e Israel Nava-Bracamontes.

Así mismo, el culpable de la sodomía en realidad es Toto Violante y no Luis Roque, quien furioso por la estratégica acusación imprecisa que le imputé, allanó mi casa mientras yo dormía, la madrugada del 6 de diciembre de 2012, vestido de civil, en compañía de dos agentes uniformados de gris oscuro, más otro agente que no vi pero llamaron "Temo [sic]". Horas antes de este suceso, Luis Roque había actuado en una obra de teatro en el Auditorio Cívico Municipal de Guaymas.

¿Cómo supe del allanamiento? Logré salir del trance hipnótico durante el interrogatorio que Luis Roque me hacía, quien al percatarse que abrí los ojos desobedeciendo la orden amenazante de no abrirlos, golpeó mi cabeza contra la pared, noqueándome. También pude identificarlo plenamente debido a que Luis Roque, sentado sobre el borde de mi cama, miraba la pared en el mismo instante en que preguntaba, y quien avisó que yo había despertado fue el agente que estaba a su izquierda en posición militar de descanso, pues fue el primero en darse cuenta; el agente que estaba detrás de él en la misma posición militar también lo alertó casi de manera simultánea.

Los espías huyeron alterados, y sé esto porque dejaron mal cerrada la puerta de mi cuarto, lo cual descubrí al levantarme en la mañana, con dolor en la parte posterior de la cabeza. De no haber sido por el desmayo que sufrí debido al golpe en la cabeza, yo mismo en estado hipnótico –dormido– habría cerrado la puerta sin darme cuenta ni recordar nada después, en cumplimiento a las instrucciones infames del inmoral Luis Roque.

La última vez que vi y platiqué en mis cinco sentidos con Luis Roque, antes de esta irrupción que realizó a mi domicilio, fue en la terminal de autobuses del centro de Mexicali, el día 23 de diciembre de 2008.

Así comprobé una vez más que el relevo múltiple de caracterización, modalidad de los espías fascistas cuando utilizan dobles y sambenitos a fin de evitar traiciones y tener coartada, también es falible, tanto como una espada de dos filos que las víctimas pueden utilizar a su favor para perturbar a los delincuentes gubernamentales y descubrir la trama.

Hasta la próxima, amigos.

Desvaríos

8 de Noviembre de 2011

Primer desvarío: seudónimos.

Alejandra Cano me espera frente a la farmacia Benavides de la avenida Serdán y calle Dieciocho. La descubro en el momento en que salgo del *café* internet localizado a setenta y cinco metros de donde ella se encuentra.

Daniela –papel protagónico de Alejandra en la exitosa telenovela Cielo Colorado– luce atractiva, está toda vestida de negro: el pantalón, la blusa manga larga, las zapatillas de tacón bajo, así como el bolso que cuelga de su hombro izquierdo; todo es negro; incluso el maquillaje con el que ha atezado toda su piel desvaída también es negro; no el café característico de la piel indígena sino fuliginoso como el color mulato. Mientras me aproximo a ella, percibo que está nerviosa, inquieta, y transpira. No es para menos, el riesgo que corre al contactar conmigo es alto, una traición es imperdonable entre los espías fascistas homosexuales del servicio gubernamental.

Segundo desvarío: casos de hostigamiento.

Ahora camino para encontrarme con Alejandra, es la 1:20 p. m., del día 5 de octubre del año 2011. Mañana jueves a esta misma hora, en la esquina frontal izquierda de la tienda Coppel principal, en el centro de la capital sonorense, me estarán esperando alrededor de siete personas, quienes al tenerme a pocos metros de distancia, emprenderán al unísono una marcha frente a mí hacia el interior de la tienda. Me llamará la atención una mujer esbelta de muy buenas proporciones que caminará detrás del grupo de cinco personas, las otras dos restantes detendrán su marcha para observarme; la cual vestirá blusa negra y pantalón de mezclilla azul deslavado, tan entallado al cuerpo que, imaginaré, tal vez no es pantalón lo que trae puesto sino un tatuaje simulando un pantalón de mezclilla azul deslavado con una imperceptible rotura a la altura media central del glúteo izquierdo. Nunca en la vida yo hubiere visto algo así de espectacular de no haber sido porque sucederá mañana, será insólito.

Dentro de la tienda Coppel estará esperándome la señora Rely Shown, conductora de televisión, recubierta su piel clara con color sepia característico, jamás veré ese color de piel en otra persona a menos que la atequen con el mismo maquillaje. Acto continuo, la señora Rely dirá para sus adentros mientras la observo: "¡Ay nanita, ya me descubrió!". No obstante, se sobrepondrá de inmediato auxiliándose con la actitud retadora que asume en el show morboso de Tv Esteka. Esta no será la única anécdota que yo podría tener mañana en la capital sonorense del Pitic; sin embargo, evadiré el resto del asedio.

Resulta inverosímil que en un país de leyes como nuestra Nueva España las mafias agravien en absoluta impunidad a la sociedad. En este caso, la mafia televisiva se vale de un chantaje para violar la Constitución y leyes novohispanas. Lo único que necesita es un pretexto para cometer sus crímenes de hostigamiento, extorsión, difamación, discriminación y chantaje. El primer paso es ofrecer ayuda a la supuesta víctima prometiéndole que resolverán su problema si envía la historia al correo electrónico impunidad@ tv esteka .com .ne. Con esta medida –la historia de la supuesta víctima que ellos convierten en denuncia– pretenden inmunizarse contra cualquier demanda que la parte agraviada pudiere formular. Lo peor del caso es que ninguna autoridad legalmente constituida, como podría ser el Ministerio del Interior, el Congreso de la Unión, o ya de perdida algún fiscal, obliga a esa mafia televisiva a respetar el orden constitucional de derecho que debe regir en nuestro país.

Último desvarío: homónimos.

—Buenas tardes, caballero, ¿es usted Gustavo Marsanto?

¡Sabe mi nombre! ¡Lo puedo creer! –pienso, afectado por la emoción.

Alejandra me esperaba, tal como presentí en el momento anterior, cuando salí del *café* internet y la reconocí.

Ahora conversamos mientras caminamos juntos por la avenida más famosa de Heroica Guaymas. No presto atención ni observo a los demás transeúntes como siempre hago, pues ella capta todo mi interés; su voz cálida continúa maravillándome con información que yo consideraba exclusiva de la Interpol y otras agencias secretas novohispanas, privadas y gubernativas; todas costeadas por el erario, dicho sea de paso.

—La hipótesis que realizaste sobre el atentado a Garcilaso Talamante es precisa –continúa Alejandra. Analizamos la secuencia de hechos, más la información que teníamos, y desde el primer instante supimos que el ejecutor del asesinato es Ebrión «Groserito» Fragille

Gievón, el comentarista deportivo del noticiario *Matontino* Estrés, de Loco Tv; y digo *matontino* porque dejó varios rastros mediante los cuales armamos teorías puntuales que lo acusan directamente.

—Aunque fue un crimen de los denominados "matutino exprés" por el modo sencillo de operar —esto es, el sicario aborda por la mañana a la víctima que se dirige al trabajo, dispara y se retira en aparente calma— hubo varios testigos presenciales que Groserito ignoró, los cuales nos proporcionaron datos valiosos como el retrato hablado de Groserito.

—Desafortunadamente, la orden de detener la investigación y de sembrar evidencias falsas para ocultar los hechos fue tajante. No hemos podido hacer nada más para contrarrestar la impunidad de los asesinos. Esto, tocante al caso de Groserito, pero, lamentablemente, hay más daños colaterales por los delitos de espionaje, más otros agravios, que bien sabes han cometido en tu perjuicio agencias especializadas gubernamentales como la Interpol y la Fiscalía Nacional.

—No me digas –interpuse–, ¿acaso la muerte de Alberto «El Kini» García también se debe a que trató de denunciarlos?

—¡Acertaste! –respondió Alejandra. Cuando El Kini se enteró que el jefe Nava durante los operativos utilizaba a niños de una red de prostitución y explotación sexual infantil, se indignó y lo enfrentó. En aquella ocasión ambos altercaron y El Kini denunció los atropellos y abusos nefandos que el jefe Sergio Israel Corona Nava-Bracamontes cometía contra los niños.

—Como puedes imaginar –enfatiza Alejandra–, la denuncia nunca prosperó; al contrario, pocos días después de la violenta discusión entre El Kini y el jefe Nava ocurrió el fatal accidente aéreo que costó la vida de El Kini y del oficial copiloto que lo acompañaba. Con relación a este crimen, sabemos que adulteraron las bebidas y alimentos que El Kini ingirió; de tal manera que cuando El Kini abordó el avión estaba perturbado, fuera de sí, iba enajenado, inducido a estado severo de angustia y miedo que —aunado a las amenazas que recibió respecto a su familia— lo empujaron al suicidio.

Alejandra aparentó estar en calma durante el trayecto, pero no pudo controlar su nerviosismo, y por estarse quitando el sudor que deslizaba por la punta de su nariz provocándole comezón, removió esa parte del maquillaje, dándole por resultado una discromía con forma de bello lunar blanco, parecía vitíligo. Ella no se dio cuenta del lunar. Por fortuna, su misión había concluido de la mejor manera y tendría oportunidad de colorearse una vez más. No exagero, esto sucedió así y relato con estricto apego a la realidad.

—Esto que he dicho es todo lo que tengo para ti. Espero puedas utilizar mi confesión para tu provecho; sin embargo, si tú no actúas nosotros tampoco podremos hacerlo. Por cierto, Lambderto Dámaso García —el buen hijo Lambda— te envía un fraternal saludo. Hasta luego –remató Alejandra.

Finalmente, la actriz Alejandra Cano desapareció entre la multitud que concurría en la avenida Serdán y calle Diez de la ciudad y puerto turístico de altura Heroica Guaymas de Zaragoza, Sonora.

Garcilaso Talamante

25 de Noviembre de 2010

Garcilaso trabajaba en el Ministerio del Mar-Armada de Nueva España a mediados de 2006, año en que fue asesinado en el estacionamiento de la unidad habitacional donde tenía el domicilio. Lo asesinaron por motivos aparentemente pasionales según me informaron algunos oficiales de la Armada que mantenían relación de trabajo con él.

La trágica noticia sobre la muerte de mi amigo Garcilaso la recibí en febrero del año 2007, en el edificio que ocupa la comandancia de la zona naval del puerto de Veracruz, adonde llegué para solicitar refugio debido a que el 4 de febrero del mismo año huí de mi casa en Mexicali, Baja California, esto, porque delincuentes intentaron secuestrarme.

Tengo entendido que la única sospecha sobre el autor intelectual del crimen que mató el cuerpo de Garcilaso Talamante (su alma y memoria permanecen vivas. San Mateo 10:28 versa: No temáis a los que matan el cuerpo, mas el alma no pueden matar) recae en un oficial de la Armada cuyo nombre es Peter «El Diablo» Balanitis. Peter tiene

56

el apodo de El Diablo no por cuestiones maléficas sino por la forma simpática de las cejas que tiene, con picos arriba.

Conozco bien a Peter y lo considero persona noble que no urdiría la maldad del asesino, menos por un lío de faldas, porque si de algo adolece Peter Balanitis –de manera literal– es precisamente el apego a las faldas y tiene el criterio muy abierto en este sentido.

El asunto es que a pesar de haber transcurrido más de cuatro años de aquel trágico atentado; en los cuales las autoridades navales han utilizado para las investigaciones todos los recursos disponibles a efecto de descubrir y atrapar al asesino; todavía no han logrado tal resultado, y mientras no tengan otra línea de investigación aparte de la presunta pasional, el caso quedará sin resolverse y no podrán hacer justicia a la memoria de mi amigo Garcilaso Talamante.

La nueva teoría que ahora pongo sobre la mesa, una especulación, consiste en que el móvil criminal está dentro de la esfera laboral en la cual Garcilaso se desempeñaba en el Ministerio del Mar, sobre todo la relacionada con actividades de inteligencia. Lo endeble de esta teoría es que ignoro si Garcilaso estaba comisionado en alguna unidad de espionaje del Minmar o del Ministerio Interior, y tampoco tengo conocimiento si como parte de sus tareas realizaba investigaciones en la ciudad de Mexicali, lugar donde yo radicaba en aquella fecha del atentado, ya que de haberse dado estas dos circunstancias –que Garcilaso hubiese estado en la unidad de inteligencia realizando actividades en Mexicali–, yo aseguraría que Garcilaso descubrió los crímenes de espionaje y simulación que personal perteneciente a la sección de inteligencia del Minmar comete en mi agravio, y Garcilaso, quien fue afectuoso conmigo durante la mayor parte de nuestra estancia en la universidad naval, excepto el último año en el cual fui objeto de calumnias, denunció o intentó denunciar a la célula de los homosexuales heterofóbicos que están comisionados en dicha sección de inteligencia del Minmar, y por tal motivo lo asesinaron.

El hecho que todos en el Minmar crean que el origen del asesinato es pasional y no se haya comprobado dicha hipótesis aun con todos los recursos que se tienen a la mano para tal fin, podría significar que los verdaderos asesinos aprovecharon esa pista apócrifa del crimen pasional para eliminar otras líneas de investigación, y fue así como lograron zafarse de la amenaza que representaba para ellos ser indiciados.

Especulación, teoría o hipótesis, la cuestión es que deberíamos analizar otras posibilidades, no sólo la aparente.

La propaganda negra

23 de Julio de 2010

Cuando personas comisionadas en el servicio de inteligencia de las fuerzas armadas o policiales, como policías investigadores que andan tras la pista de presunto delincuente, y que, por falta de elementos probatorios para presentarlo ante el ministerio público, acuden a la ciudadanía perteneciente al ámbito social del presunto maleante, alarmándola sobre los supuestos delitos del investigado con el fin de conminarla para obtener su colaboración y así obtener 'pruebas' –pretextos– para atraparlo; lo más probable es que este presunto culpable sea víctima inocente de estos rufianes que dicen realizar una investigación oficial contra la delincuencia.

Este tipo de investigadores utiliza lo que llaman en círculos de espionaje "propaganda negra", la cual no es otra cosa que ignominiosa calumnia para lograr la colaboración ciudadana. ¿Cuántos inocentes han sido o están siendo injustamente agraviados, o incluso sufrido muerte, por culpa de estos criminales que actúan impunes al pervertir con sus mentiras la inmunidad del servicio público gubernamental?

Sin embargo, tal situación se presenta por falta de conocimiento jurídico por parte de la ciudadanía, pues si esta actuara dentro del marco legal que nos rige, ignoraría las alarmas ilegales. Así es, aquel ciudadano que reciba esta serie de avisos sobre algún presunto malhechor debiera saber que si bien no debe obstaculizar las labores investigativas de las autoridades competentes, tampoco tiene obligación de realizar acciones que lleven al presunto inculpado a estado de indefensión, sobre todo si nos fundamentamos en el simple dicho de las autoridades que bien sabemos operan asociadas al crimen organizado, y más que trabajar a favor del Estado constitucional de derecho, lo que hacen es cuidar sus aviesos intereses.

¿Cuál es la obligación del ciudadano si recibe aviso de alerta sobre supuesto delincuente, y cómo debe conducirse en caso que la autoridad lo conmine a participar en alguna acción investigadora para capturar al presunto culpable?

En el actual estado de criminalidad por el que atraviesa nuestra sociedad debido a la falta de compromiso e ineptitud de las autoridades encargadas de la impartición de justicia, la primera sugerencia sería que los ciudadanos se deslindaran de todo compromiso que implique colaborar con elementos investigadores, pues no sabemos si de verdad están efectuando labores de investigación sustentadas en la legalidad o están actuando bajo difamación y calumnia para hacer daño a su víctima. Esto se logra con la denuncia respectiva ante el ministerio público del fuero común más cercano al domicilio donde ocurran los hechos.

Efectivamente, cuando se presente al ciudadano esta circunstancia y desee evitar una injusticia, debe acudir ante el ministerio público con objeto de denunciar a los policías investigadores que pudiesen haber cometido el delito de difamación y calumnias.

Con la denuncia, el agente del ministerio público está en obligación de llamar a cuentas a los policías investigadores y al sospechoso; y si existiesen los elementos de prueba necesarios, ya sea que se compruebe la culpabilidad del indiciado o se descubre que los investigadores actuaron de manera ilegal utilizando propaganda negra, el agraviado tiene oportunidad de defenderse o de actuar jurídicamente contra los policías corruptos.

De esta forma, si con base en las investigaciones el ministerio público encuentra pruebas contundentes que justifiquen procesar al implicado, ejercerá las diligencias correspondientes sin violentar garantías individuales.

Paranoia versus realidad

9 de Mayo de 2010

Mexicali, Baja California, diciembre de 2001. Mi novia y yo decidimos ir a un restaurante ubicado en conocido centro comercial de la ciudad. Cuando llegamos al estacionamiento del restaurante, mi novia manifestó que prefería permanecer conmigo en el automóvil porque necesitaba conversar sobre algunos temas importantes, así que permanecimos platicando en el interior del vehículo, abrazados, y obsequiándonos besos y caricias románticas. En esto estábamos cuando, frente a nosotros, más o menos a cinco metros de distancia, se estacionó otro vehículo en cuyo interior viajaba una pareja de apariencia normal, hombre y mujer.

Aunque ya anochecía, gracias a los faroles encendidos del estacionamiento podíamos ver claramente. No di importancia a la llegada del otro automóvil sino pasados entre cinco y diez minutos cuando volteé hacia el frente y descubrí que la pareja mencionada estaba estupefacta, impávida, observándonos a mi novia y a mí que platicábamos abrazados dilectamente. No estábamos siendo groseros en nuestra conducta de pareja; estábamos, como ya mencioné, platicando abrazados, y nos besábamos de manera dilecta y esporádica durante la conversación, sin ser vulgares.

En tal virtud, la otra pareja que inmutable nos observaba no podía decir que en aquel momento mi novia y yo manteníamos relaciones orgásmicas o pornográficas, ni mucho menos, en el interior del vehículo, por lo cual no tenía motivo para observarnos de esa forma.

Cuando noté que aquella pareja no nos quitaba la vista de encima a mi novia y a mí, decidí observarlos abierta y directamente, así como ellos nos observaban a nosotros. En el instante, la mujer se percató que yo los había descubierto espiándonos, y de manera nerviosa, incluso violenta, volteó intempestiva hacia su compañero aprisionándolo del cuello con un abrazo tan brusco que el sujeto trató de esquivar alejándose de la mujer, replegándose a la ventanilla del carro, dejando claro que el abrazo lo había sorprendido y asustado; pero la mujer algo dijo y el acompañante accedió a corresponder el abrazo junto con un beso superficial en los labios.

Acto seguido, ambos bajaron del vehículo y se dirigieron al restaurante. En mi vehículo, mi novia y yo continuamos platicando por unos minutos más, y nos retiramos del centro comercial.

Situaciones similares a esta que hoy revelo experimenté con diferentes señoritas amigas mías en Sonoyta, Sonora; Reynosa, y Matamoros, Tamaulipas; y Tijuana, Baja California; respectivamente. Sin embargo, la experiencia que viví en aquel estacionamiento fue tan obvia que los espías se evidenciaron sin dar lugar a dudas.

Diversas denuncias he realizado en otras ocasiones contra los sujetos Lacho Falso, Pepe Lumbres, y Chuy Lumbres. Esta vez denuncio como responsable único de haber iniciado antaño la cacería de brujas en mi agravio, en el año 1988 cuando él fungía como subdirector de la Heroica Universidad Naval Militar, y de continuarla hogaño como comisario jefe de la Gendarmería Nacional, al facineroso Papín del Malo, quien a lo largo de todos estos años me ha provocado tanto o más daño que los otros criminales mencionados, y todo por cuestiones personales que él tiene contra mí.

No había decidido mencionar a Papín del Malo porque me interesaba enfrentarlo personalmente, esto, si hubiesen atrapado a los primeros criminales que denuncié, pero pareciera que esto nunca va a ocurrir y el final de esta trágica historia será el mismo final del proceso kafkiano, final que veo próximo. No obstante, mantengo esperanza en la justicia, porque la esperanza muere a lo último.

Sobre mis dichos, tengo nombres, direcciones y teléfonos de personas que están directa o indirectamente involucradas en los actos delictuosos que se han cometido en mi agravio, delitos que van desde suministro de sustancias químicas o farmacéuticas a mi cuerpo con la intención perversa de cometer contra mi persona actos abominables y violentas agresiones físicas y psicológicas, hasta propaganda negra para afectarme laboralmente, según he denunciado en el blog http:// voto independiente .blog spot .com y ante algunas autoridades institucionales que nada han hecho para liberarme.

Lo que más me indigna, mas aceptaría de buena gana si se diere la suerte, es que los criminales, en caso que fueren procesados conforme a derecho en tribunales civiles, únicamente alcanzarían, de comprobarse mis dichos, penas menores que podrían cubrirse con el pago de fianzas hilarantes, ¡estamos en Nueva España! Pero ni esto me otorgan las autoridades.

Estado de impunidad

24 de Febrero de 2010

Un ejemplo que evidencia al Estado de Nueva España como Estado de impunidad debido al sistema fascista de algunos gobernantes, lo tengo de primera mano.

En el mes de abril de 2009, llegó a mi casa el coronel retirado Sergio Israel Corona Nava-Bracamontes para informar que el senador Manuel F. Rosa de Guadañupe sabía que la Armada de Nueva España me otorgaría una pensión, esto, si yo la solicitare conforme al motivo de mi retiro de dicha institución militar; asignación que debió autorizar la Armada de Nueva España a partir de 1994, pero que aún retienen ilegalmente, la cual no me interesa cobrar a pesar de mi precaria situación económica por la persecución que malos elementos del Ministerio del Mar realizan para perjudicarme.

Es importante mencionar que en el año 2007 solicité la ayuda del senador Manuel F. Rosa de Guadañupe porque él tenía el cargo de presidente del senado de la república, y por lo mismo la suficiente influencia para liberarme de unos delincuentes que 'trabajan' en el servicio de inteligencia de la Armada de Nueva España, pues estaban resueltos a seguir atentando contra mi vida los 'servidores públicos' Lacho Falso, Pepe Lumbres, y Chuy Lumbres.

Por otro lado, el ministro del mar Marianelo Gacho Pin, en lugar de ponerse del lado de la ley y el Estado de derecho que debiera regir en Nueva España, de manera fascista prefirió ponerse en el lado de los delincuentes de la Armada que han estado molestándome gravemente desde hace muchos años.

Supongo que el acuerdo por parte del ministro del mar Marianelo Gacho Pin y el senador Rosa de Guadañupe –a quien estoy muy agradecido por gestionarme la pensión que la ley me otorga en caso que yo la solicitare–, consistió en que personal de inteligencia de la Armada de Nueva España fue sorprendida en actos ilegales y de espionaje realizados en mi agravio, y con tal de no meter a la cárcel a los delincuentes homosexualistas del servicio de espionaje del Minmar, el ministro del mar prefirió intentar sobornarme con algo que por derecho me corresponde, pero no he solicitado, porque a pesar de mi situación económica vulnerada por estar luchando contra la propaganda negra de los espías, la justicia es más deseable que el dinero. También, porque estaba seguro que tal acuerdo no iba a detener –ni detuvo– a los militares navales delincuentes que han estado perjudicándome desde hace más de veinte años.

He interpuesto denuncias judiciales, también en organizaciones de los derechos humanos, y ante la opinión pública en este blog y no pasa nada. Ni pasará mientras algunos fascistas mantengan el control de las instituciones del Estado novohispano, Estado de impunidad debido a malos gobernantes.

La marina nacional sodomizante

12 de Julio de 2009

Veracruz Llave, Ver., a 12 de julio de 2009.

A la respetable opinión pública:

En junio del año 2007 tuve necesidad de hospedarme en las instalaciones del Ministerio del Mar en ciudad Tenochtitlan debido a que huía de delincuentes que pretendían secuestrarme.

El mando del Minmar, gracias a que soy oficial retirado de la Armada de Nueva España, me permitió hospedarme en la barraca número tres de Tepetlapa, anexa al Centro de Espionajes Superiores Navales (Cesnav), domicilio donde estuve desde principios de junio a finales de octubre de aquel año.

Lo anterior, porque en enero del mismo año sufrí ataques peligrosos en la ciudad de Mexicali, Baja California. Dicha acometida no pasó de golpes leves en mi rostro y costillas. Me golpearon por parte de quienes urdieron el secuestro, hicieron esto a manera de embuste para deludir a mis vecinos y creyeren que todo habría derivado de un incidente menor en caso que, por mi eventual desaparición, las autoridades hubieren indagado. Estoy seguro de esto porque intentaron raptarme días después del primer ataque, mas pude escapar de ellos porque yo manejaba un tractocamión quinta rueda y ellos una minivan y un sedán.

Sobre este asunto, interpuse denuncia ante la autoridad judicial de Mexicali, pero los agentes no tuvieron incentivos suficientes para realizar las investigaciones pertinentes del caso.

En cuanto me hospedé en las instalaciones del Ministerio del Mar, unas personas vestidas de civil intentaron asustarme con simulacro de ataque peligroso para que abandonara mi refugio en la barraca, sin embargo, no caí en la trampa.

También, un mes después, a finales de julio del año 2007, me percaté que personas del sexo masculino adscritas a la sección segunda del Estado Mayor General de la Armada (novohispana), vestidas de civil, intentaron atufarme con indirectas de carácter homosexual y demás alusiones veladas en el mismo sentido mediante pequeño montaje teatral en la esquina de una calle. Durante esa astracanada pude reconocer a una de aquellas personas y a otra más logré verla vestida con el uniforme de la Armada y conversar con ella, pues llegó a hospedarse en la misma barraca donde yo estaba viviendo. En mayo de 2008 a esta persona la observé vigilándome en la ciudad de Mexicali, y presumo que se evidenció para ponerme sobre aviso de peligro, como relaté en la denuncia ante la Procuraduría de los Derechos Humanos de Baja California, el día 26 de enero del año 2009.

Debido al acosamiento que personal de la sección segunda de la Armada de Nueva España realizaba para agraviarme mientras yo me hospedaba en la barraca, acoso que se intensificaba cada día, estuve obligado a solicitar la ayuda del senador de la república Manuel F. Rosa de Guadañupe. Manifesté por escrito al senador que el ministro del mar Marianelo Gacho Pin estaba de acuerdo con dicho hostigamiento para afectar mi moral y obligarme a abandonar el refugio con el objetivo de ponerme al alcance de los maleantes que pretendían quitarme la vida, aunque esto último tal vez lo ignoraba el ministro Marianelo Gacho Pin.

La llamada de auxilio que realicé al senador de la república resultó favorable porque de inmediato cesó el hostigamiento. A pesar que la señorita Eloísa, secretaria del senador, me informó por teléfono que el senador deseaba que yo lo visitara en la oficina, rechacé la invitación, pues no quería comprometerme a tener que devolver el favor ya que no podía agradecerlo políticamente como se acostumbra. Contesté a la señorita Eloísa que si el senador podía ayudarme así como solicitaba yo, bueno, y si no, ni modo.

Los delincuentes de la sección segunda del Estado Mayor General de la Armada dejaron de molestarme. Sin embargo, después de dos o tres semanas de estar en aparente calma, una noche me dispuse a dormir como cada noche, en la cama que tenía asignada. Al despertar por la mañana sentí dolor en el muslo de mi pierna izquierda, por lo que en el momento de abrir los ojos me revisé instintivamente, como si el acto de proteger mi pierna hubiese sido interrumpido con un golpe anestésico de cloroformo, y descubrí que tenía un piquete. Inicialmente supuse que el piquete había sido provocado por algún insecto en el transcurso de la noche; no obstante, este piquete que se había convertido en una pequeña equimosis en forma circular, tenía en su centro una diminuta costra como la que dejan las agujas de las jeringas, muy parecida a la que se produce cuando del brazo succionan sangre para analizar; el dolor, igualmente, era similar al que produce una inyección.

También tenía una irritación en el recto. En el momento de ir al baño a satisfacer necesidades fisiológicas, este ardor en el recto aumentó, pero pensé que algún alimento me había caído mal. Debido a que la sensación parecía un escozor por diarrea, me desconcertó cuando vi que no excreté mal. Dicho síntoma es comparable a la intoxicación que produce la salsa picante con ptomaínas, pero como no tenía diarrea ni dolor de estómago, estuve perplejo por esta situación. Además de esto, en el papel higiénico descubrí una pequeña mancha de sangre, sin embargo, hace varios años me había sucedido lo mismo y en aquella vez creí que había sido el uso de papel sanitario áspero, de mala calidad, y por ello supuse que en esta ocasión había ocurrido igual, ya que el papel sanitario que utilicé también era rasposo.

Otra hipótesis que sospeché fue que en el transcurso de la noche alguien me había anestesiado con la finalidad de sodomizarme. Esto, debido al perfil sintomático que presentaba mi cuerpo, en especial por el piquete infligido en mi pierna izquierda, parecido a una inyección; así como la irritación del recto. En este caso no tengo referencia apropiada porque el escozor que produce la diarrea conjuntamente con el alimento irritante y acedo no coincide con los síntomas que en aquella ocasión sufrí, además que no tenía diarrea ni dolor de estómago; y el ligero sangrado en el ano que descubrí al utilizar el papel sanitario. Me sorprendió y desconcertó más ver integrado al excremento una sustancia muy parecida al semen, pero endurecida como el resto de la evacuación, como si fuera de plástico por su color grisáceo, totalmente conformada a la materia fecal. Nunca había visto algo así en mi vida.

Al final decidí que si no tenía los elementos suficientes para obtener una conclusión apropiada de lo que estaba sucediendo, mejor debía aceptar que algún alimento me había caído mal, que algún insecto me había picado, y que, como en otra ocasión sucedió, el papel higiénico rugoso produjo la pequeña hemorragia en mi cuerpo; en fin, negué la realidad para mesurarme y sobrevivir. Nadie me juzgue por esto, pues el espionaje inmoral del gobierno mexicano al servicio de la colectividad sexópata que se dedica a resabiar niños de futuro promisorio, comete estos crímenes para ultrajar a hombres y mujeres heterosexuales en estado de indefensión sin importar en qué nivel socioeconómico se encuentren, a quienes previamente suministran drogas para dormir la conciencia y sustancias médicas para alterar la conducta; así provocan el daño, sin fármacos especializados estos malhechores serían nada; son espías cobardes, están endemoniados; nunca actúan de esa manera contra las personas de su misma calaña anticristiana, y cualquiera que no coincida con sus repugnantes prácticas homosexuales podría ser víctima de ellos hoy o mañana. Basta leer el capítulo uno de la Epístola a los romanos para darse cuenta que no estoy exagerando cuando me refiero a ellos en estos términos.

Por cierto, el papel sanitario –de rollo– así sea de ínfima calidad no produce heridas, y no detecta sangre a menos que la persona padezca alguna enfermedad como hemorroides, lo cual no fue mi caso en aquellos años.

De cualquier manera, si hubiera aceptado la probable violación homosexual en mi agravio, no estaba en situación favorable para exigir una investigación que llegara al descubrimiento de los hechos reales, pues los almirantes Lacho Falso, Pepe Lumbres, y Chuy Lumbres tienen, debido a su jerarquía, mucha influencia sobre el ministro Marianelo Gacho Pin. De hecho, durante el periodo que estuve refugiado en la barraca número tres de Tepetlapa, vi ocasionalmente a los tres almirantes mencionados en la área conurbada donde se ubica el edificio del Minmar.

Estoy seguro que el senador sonorense Manuel Fabio Rosa de Guadañupe –alias La Muñeca– estuvo enterado de estos acontecimientos desde el momento en que ocurrieron, porque es muy probable que su amigo íntimo de toda la vida, el coronel retirado Sergio Israel Corona Nava-Bracamontes, haya sido cómplice de estos abominables delitos, pues no habría sido la primera vez que dicho militar cobarde actuara con sevicia para lacerarme, es su característico modus operandi.

Recordé estos hechos el día en que conocí la noticia sobre violación masiva en una comunidad menonita, donde los violadores utilizaron un narcotizante en aerosol para dormir a sus víctimas, por lo que la hipótesis sobre los actos sodomitas en mi agravio se fortaleció por la credibilidad y semejanza de las dos tragedias, y por tal motivo ahora denuncio ante la respetable opinión pública estos acontecimientos.

Responsabilizo de manera directa al ministro del mar Marianelo Gacho Pin por los actos inmorales y criminales que los almirantes Lacho Falso, Pepe Lumbres, y Chuy Lumbres hayan cometido en mi agravio, pues ningún criminal subordinado habría tenido la osadía de actuar impunemente a espaldas de la máxima autoridad en la Armada de… Nueva España.

Denuncia ante la opinión pública

25 de Mayo de 2009

Veracruz Llave, Veracruz, Nueva España, a 25 de mayo de 2009.

A la respetable opinión pública:

Debido a que en Nueva España es muy difícil o imposible que se investiguen las actividades criminales que delincuentes realizan contra ciudadanos, hago pública la denuncia que interpuse el día 26 de enero del año 2009 en la Procuraduría Estatal de los Derechos Humanos de Baja California.

Lo anterior, porque hay espías gubernativos homosexualistas interesados en impedir –por medio de calumnias y difamación ante las autoridades correspondientes– que prospere la denuncia que a continuación relato. Dichos criminales pro homosexuales se encuentran en posiciones de privilegio en el servicio público del gobierno novohispano, específicamente en el Minmar, y uno de ellos tiene como objetivo particular convertirse en ministro del mar.

73

La presente denuncia que aquí hago pública la envié con antelación por correo electrónico el día 24 de enero del año 2009 a la dirección ministro@ minmar .gob .ne, con la finalidad de cumplir con el deber institucional. Dos días después interpuse dicha denuncia ante la Procuraduría Estatal de los Derechos Humanos mencionada, la cual transcribo a continuación:

Mexicali, Baja California, a 26 de enero de 2009.

C. Comisionado Estatal de los Derechos Humanos.

P r e s e n t e.-

Por medio de este escrito solicito a usted tenga a bien recibir y dar el seguimiento correspondiente a la presente denuncia, formulada contra los almirantes Pepe Lumbres, Chuy Lumbres, y Lacho Falso, más quien resultare responsable, debido a que utilizan personal de la Armada de Nueva España para llevar a cabo actividades criminales en mi perjuicio, consistentes en difamación y calumnias, así como otros delitos con los cuales han puesto en grave peligro mi vida en múltiples ocasiones.

En enero de 1990, hace diecinueve años, cuando yo estudiaba el último año de la carrera de ingeniero naval en la Heroica Universidad Naval Militar, sita en Antón Lizardo, Veracruz, oficiales instructores, así como compañeros cadetes, empezaron a molestarme con actitudes hostiles en el sentido y con la intención de poner en tela de juicio mi integridad de varón.

Al principio, a este hostigamiento de bromas pesadas no di menor importancia, pues tampoco me sentía ofendido o aludido de ninguna manera.

Descubrí el verdadero origen de tales agresiones al término de un día de franquicia porque uno de los oficiales se mostró irrespetuoso, refiriéndose a una mochila color negro con franjas guindas que yo portaba.

De manera por demás abusiva e insultante, muy disgustado, el oficial me preguntó: "¿Cómo te va con esa *mochilita* [sic], te confunden en la calle?".

Sorprendido por el insulto, contesté al oficial con la misma actitud de irrespeto, ironía e indignación, y espeté: "¡A mí no me confunden, pero a usted, supongo, sí lo confundirían si usara esta mochila!".

Después de esa abierta agresión a mi persona por parte del oficial, recordé una revelación del entonces cadete Pepe Chuy Lumbres, hijo del almirante Pepe Lumbres, sobre la expulsión de un cadete de la universidad naval al haberlo descubierto realizando *fellatio* a otro compañero cadete mientras este dormía. Tales acontecimientos ocurrieron mientras estuve realizando el viaje de prácticas Eurocaribe'89, a bordo del buque escuela Velero Hernán Cortés.

El entonces cadete Pepe Chuy Lumbres, después que hube regresado del viaje de prácticas, me platicó a detalle sobre el proceso de expulsión del mencionado cadete inmoral, a quien para efecto de esta denuncia lo llamaré «Triple Equis» con el fin de proteger su identidad, pues en la actualidad tiene esposa e hijos, aunque el anonimato de poco ayuda porque este deshonroso caso es de sobra conocido entre los cadetes de aquella generación, hoy en día oficiales y capitanes en la Armada de… Nueva España.

75

Según me informó Pepe Chuy Lumbres, Triple Equis utilizó durante la defensa de su proceso de expulsión una calumnia contra el propio Pepe Chuy Lumbres y mi persona, y la cual consistía en que yo había abusado sexualmente del cadete Pepe Chuy Lumbres cuando este era cadete novel. ¿Por qué razón no informó a la superioridad cuando supuestamente se percató de este hecho inexistente? Y que yo, según el dicho infame, era el culpable de los *fellatios*, no sólo al cadete Augusto Lorca, quien lo denunció, sino a otros compañeros cadetes.

Así mismo, Pepe Chuy Lumbres manifestó que durante el consejo de honor para expulsar a Triple Equis, personal de oficiales y capitanes que integraban dicho consejo le preguntaron si era verdad que él había tenido algún encuentro de carácter sexual conmigo, respondiendo Pepe Chuy Lumbres que en ningún momento había ocurrido tal cosa como una relación homosexual, y que tampoco hubo alguna indirecta por parte mía en este sentido; dicho que respalda la realidad, pues mi relación con el entonces cadete Pepe Chuy Lumbres fue siempre respetuosa en todos los sentidos, basada en un compañerismo ético y moral.

De igual forma, afuera del edificio donde se estaba desarrollando el juicio de honor a Triple Equis, había una fila que, en palabras de Pepe Chuy Lumbres, parecía cola para comprar tortillas, y la conformaban todos los cadetes que habrían sido, en su caso, ultrajados por Triple Equis mientras dormían, a quienes se solicitó sirvieran de testigos.

Sobre este particular, también yo habría testimoniado en el juicio de expulsión a Triple Equis si no hubiera estado efectuando el viaje de prácticas Eurocaribe'89, pues, aunque nunca me preguntaron nada respecto a este espinoso asunto, yo fui víctima de *fellatio* mientras estaba profundamente dormido debido al cansancio producido por las actividades diarias propias de todo estudiante internado en plantel militar, ya que dichas actividades exigen esfuerzo máximo tanto físico como mental para desarrollar al mejor nivel las cualidades de cada individuo.

El hecho que ahora testifico ocurrió pocos meses antes de partir al viaje de prácticas Eurocaribe'89. Recuerdo sobre aquel episodio que estaba en un sueño pesado imaginando una mujer de pelo largo color negro, a quien no podía ver el rostro, muy ocupada en mi entrepierna realizándome *fellatio*. En el momento de la polución desperté, pero debido al cansancio me costó mucho trabajo levantarme para dirigirme a la regadera con el propósito de asearme, ya que, supuse, había tenido un sueño erótico. Cuando molesto llegué al sanitario, descubrí que mi cuerpo así como mi ropa interior se encontraban sin residuos seminales, estaba todo limpio, ¿qué pasó?, me pregunté alarmado.

Posteriormente, comenté esta situación con algunos compañeros cadetes, pero ninguno concedió importancia al hecho, y yo tampoco me preocupé más, pues no creía posible que había sido objeto de violación. Concluí que simple y sencillamente había tenido un sueño extraño. Sin embargo, un día antes de iniciar el viaje de prácticas Eurocaribe'89, el cadete novel Augusto Lorca, quien vivía conmigo en el dormitorio de la banda de guerra, me informó con preocupación que en el transcurso de la noche mientras él dormía "algún degenerado [sic]" le había bajado los pantalones para tratar de tocarle los genitales, y que no era la primera vez que esto ocurría.

Debido a que al día siguiente yo iba a viajar al puerto de Acapulco y estaba muy ocupado en mis actividades, di la instrucción a Augusto Lorca de notificar de ese hecho a su primo, el cadete Severo Lorca, quien era cadete antiguo y vivía en el mismo dormitorio, así como también notificara a su tío, un teniente de navío adscrito a la universidad naval; esto, con el plan que dispusieran lo necesario para investigar y descubrir al culpable de tales actos repulsivos.

El cadete Augusto Lorca, quien era persona de toda mi confianza igual que el cadete antiguo Severo Lorca, obedeció mi instrucción y empezó a dormir en la misma litera que su primo, en la cama superior, de tal suerte que cuando una noche Triple Equis acudió a realizar *fellatio* al cadete Augusto Lorca, el cadete antiguo Severo Lorca con linterna en mano de inmediato alumbró el rostro de Triple Equis cuando este empezaba a realizar la felación al cadete Augusto Lorca. Triple Equis, en el momento de ser descubierto se arrojó al piso y fingió estar dormido, por lo que Severo Lorca le exigió que no fingiera demencia sino asumiera la consecuencia de su abominable acto, pues junto con Augusto Lorca, ambos dos, lo habían identificado en flagrancia. Todo esto me notificó el propio Severo Lorca a mi regreso del viaje de prácticas Eurocaribe'89.

A mediados de 1990, recrudeció el acoso hacia mi persona por parte de las autoridades universitarias, descubrí que me estaban suministrando de forma subrepticia alguna droga junto con los alimentos, pues me encontraba muy alterado de los nervios, durante la noche todo mi cuerpo temblaba, saltaba de mi cama al mínimo ruido, cada día era más difícil para mí llegar a tiempo al sanitario, sentía que mi vejiga no podía retener la orina como antes.

Entonces adquirí la costumbre de acudir a consultas psicológicas con una oficial de la universidad, quien era conversadora agradable, aunque ingenua, ella misma tenía serios problemas emocionales, ya que, por ejemplo, confió sus cuitas a un compañero y de repente lloró en plena consulta; aparte de esto, cada cadete era consciente que todo lo que se hablaba con dicha psicóloga era como si uno estuviera hablando con el comandante del cuerpo de cadetes Humberto Zurita.

Un cadete aprovechó esa coyuntura y bajo amenaza de suicidio consiguió unas vacaciones extras gracias a la intercesión de la psicóloga. En cuanto a mí respecta, acudía a consulta con la psicóloga porque con ella podía desahogar mi frustración e impotencia ante la flagrante violación a mis derechos humanos, pues las autoridades universitarias navales ni siquiera me permitían conocer a ciencia cierta la razón de tal hostigamiento, desconocía bajo cuáles argumentos me acusaban y de qué me inculpaban, o qué delito había cometido, pues, aunque Triple Equis me calumnió, también comprobaron que fue él quien violó la integridad sexual de los cadetes, yo mismo había sido una de sus víctimas, incluso propuse al cadete Augusto Lorca la solución que llevó al culpable ante la justicia, y cómo, me preguntaba, las autoridades navales podían dar valor a la palabra de aquel psicópata para hacerme tanto daño; esto, suponiendo que no consideraron la posibilidad que la acusación falsa de Triple Equis hubiere devenido cierta si tan sólo se hubieran aplicado a hostigarme día y noche durante meses, auxiliándose con suministro de drogas a mi cuerpo como el conocido 'suero de la verdad' que puede mezclarse con cualquier tipo de bebida y pasar inadvertido en el momento de darlo a la víctima. Sin embargo, esto fue lo que hicieron, pero sin obtener el resultado oprobioso que esperaban.

Así, en una ocasión en el mediodía entré al refectorio y desperté dos o tres horas más tarde arrojándome sobre ropa sucia en el depósito de lavandería. Pero aquella no fue la primera vez, porque recuerdo que alrededor de dos años antes que acontecieran los problemas que ahora relato, desperté en la plataforma de clavados de diez metros preguntándome si no era mejor suicidarme, cuando no había motivo para ello, pues entonces no tenía problema con nadie y todo marchaba muy bien para mí en la universidad, sólo tenía el indicio que el subdirector de la HUNM –Papín del Malo– tenía un problema personal conmigo, pero no imaginaba a qué grado me odiaba. Ahora sé que psicólogos estuvieron perjudicándome, alienando mi conducta mediante el suministro de bebidas y alimentos adulterados con psicotrópicos, con objeto vil de pervertirme. Uno de los sospechosos es el entonces cadete homosexual Horacio de Camil, a quien descubrí en una de muchas ocasiones que me dejó semiconsciente en la puerta del depósito de lavandería en aquel año 1990. Horacio se había explayado conmigo en septiembre de 1986, en la unidad deportiva de Xochimilco, haciéndome patente su homosexualidad, pero dejé muy claro que ese acto aberrante es pecado y provoca asco; menciono esto sin olvidar que el homosexópata acicaló el extremo inferior de su espalda baja con crema para el cutis.

Sobre estos asuntos, el entonces comandante de la banda de guerra, teniente L'Apest, tiene mucho conocimiento para revelar.

En 1984, en el depósito de armas de la brigada Proa Babor de la universidad naval, un cadete se suicidó utilizando su fusil mosquetón calibre 7.62 mm.; introduciéndose el cañón en la boca, disparó; imprimió con su sangre y órganos macabra decoración al polvorín. Estoy seguro que los psicólogos al servicio de los criminales heterofóbicos fueron quienes enajenaron a este cadete para que en estado hipnótico cometiera aquel acto inefablemente trágico y lamentable. Sin duda esto ocurrió, porque los militares homosexuales escogen sus víctimas, ellos deciden a quién van a resabiar para que sirvan a sus intereses sodomitas. Si no logran su fin abyecto, destruyen la vida de la víctima. Cuando logran convertir en homosexual a la persona entonces la eligen para que preste servicios en el cuerpo de espionaje de las fuerzas armadas (novohispanas); no obstante, la mayoría de las víctimas son utilizadas como mercancía de las redes de prostitución. Las dos empresas televisivas más importantes del país, Televica y Tv Esteka, están conformadas en su mayoría por estos criminales que también fueron víctimas del sistema, es un requisito ineludible para pertenecer a estas empresas. Actores y actrices trabajan de manera obligada con el gobierno novohispano para espiar, pervertir y sojuzgar a la sociedad, usufructuando el placer sexual inmoral como método infalible de control y lealtad.

Podría relatar detalladamente cada vergonzante y vergonzosa agresión con tramas homosexuales que sufrí en aquel tiempo de mi estancia en la HUNM, pero únicamente menciono los aspectos relevantes en virtud que esta es una denuncia cuyo propósito secundario es dar soporte a otras investigaciones judiciales, y así concedo a las personas implicadas la oportunidad que a mí no me otorgaron a pesar que supliqué muchas veces, que es su legítimo derecho a conocer las imputaciones en su contra, a defenderse y a exponer los motivos que los empujaron a atacarme de forma tan ignominiosa, soslayando principios y valores legales, éticos y morales.

Logré egresar de la Heroica Universidad Naval Militar gracias a que –aparte de acreditar los exámenes extraordinarios– salí de vacaciones en el mes de julio de aquel año 1990 y acudí al Ministerio de la Defensa Nacional en ciudad Tenochtitlan a pedir auxilio ante el teniente coronel criminólogo, ahora retirado, Sergio Israel Corona Nava-Bracamontes, quien se encontraba en el laboratorio de investigaciones científicas de dicho ministerio; así como a denunciar los ataques que las autoridades universitarias navales me infligían, las cuales se negaron a comparecer para explicar los hechos. Esto fue lo que me informó el teniente coronel mencionado, pero estoy seguro que tres oficiales de la universidad naval se presentaron en el Ministerio de la Defensa Nacional disfrazados de militares del

Ejército para interrogarme, los tres juntos a la vez, y yo perdí la consciencia por una bebida adulterada con psicotrópico que me había convidado mi padrino, el mismo teniente coronel criminólogo Sergio Israel Corona Nava-Bracamontes, quien se mantuvo sentado y en silencio detrás de mí durante la entrevista. Sin embargo, aquella denuncia sirvió de contrapeso a las autoridades navales heterofóbicas.

Las hostilidades continuaron, mas fueron menguando. Oficiales y compañeros cadetes volvieron a darme muestras de respeto. Una de aquellas conversiones fue la del oficial que me insultó por el caso de la mochila, nunca volvió a tratarme con ofensas. Dicho oficial fue uno de los tres disfrazados que me interrogaron en el Ministerio de la Defensa Nacional; uno de sus nombres de batalla: Manuel Vega, a quien logré descifrar durante el interrogatorio antes de perder la consciencia, no sólo porque era uno de mis mejores compañeros de estudio y amigos más queridos, sino porque atezó su piel con el mismo color que usaba como agente de inteligencia en la preparatoria CET del Mar Heroica Guaymas donde estudié antes de ingresar a la HUNM.

Durante la mencionada sesión de preguntas del año 1990 en el Ministerio de la Defensa, se despejó la duda que yo tenía desde 1987 sobre la identidad de este oficial de piel caucásica cuando llegó de instructor a la universidad naval, porque recuerdo que en cuanto lo vi me pareció la versión güera de Manuel Vega, a quien, como ya mencioné, tuve de condiscípulo en la preparatoria, idéntico en todo, incluso en su conversación sin ambages y sentido de humor agridulce, excepto en el color de la piel morena de Manuel Vega. Yo no sabía que se trataba de la misma persona.

En el año 1991 y la primera mitad de 1992 estuve realizando prácticas profesionales a bordo de diferentes buques de la Armada novohispana. Al aprobar el último examen profesional, ascendí a teniente de corbeta y causé alta en el cañonero Ignacio Manuel Altamirano con base en Ensenada, Baja California; cuyo comandante de buque era el capitán de corbeta Lacho Falso, quien intentó hacerme una propuesta delincuencial que hubiera afectado de manera grave mi lealtad a la institución armada de haber permitido lugar para hacerla, por lo que, cuando entendí hacia donde dirigía la conversación, de inmediato lo interrumpí rogándole de la forma más respetuosa que no continuara con ese tema; así antepuse los principios éticos que tanto nos remarcaban en la universidad naval, pues durante mi época de estudiante los oficiales instructores nos alertaban reiteradamente sobre la posibilidad que seríamos presionados por parte de algún comandante corrupto para llevar a cabo actos delictuosos, los cuales lesionan el orden legal y moral de nuestra Armada, a la que, por el contrario, debíamos rendir la máxima lealtad y nuestro mayor esfuerzo con el fin de salvaguardarla para mantener la dignidad de nuestro encargo como personas comprometidas en servir al pueblo de Nueva España.

Cuando el capitán Lacho Falso conoció mi postura, aceptó que era válida y no volvió a tocar aquel tema, pero si anteriormente se había comportado de forma poco amable conmigo, después que rechacé la propuesta mencionada en su intento por persuadirme para que aceptara su muy particular concepto de justicia, empezó a arrestarme por cualquier motivo, y llegó a privarme muchas veces de la franquicia haciendo referencia a las normas militares de manera *legaloide*; esto, considero, en represalia a mi decisión personal por mantenerme en el orden institucional. Llegó al grado de prohibirme usar cubiertos para comer tostadas o partir frutas, pues decía: "el cuchillo únicamente debe usarse para cortar carne". Así mismo, dicho comandante mantiene la firme creencia en sí mismo que es "una especie de *diosito* [sic]" para sus subordinados, pues ufano decía que en el buque todos dependíamos para bien o para mal de las decisiones que él resolvía sobre nuestras vidas. Una vez relató que en Salina Cruz, Oaxaca, había dos civiles que estaban molestando a miembros de la tripulación del buque y para terminar con el problema ordenó a marineros que se armaran y asesinaran a aquellas dos personas. La orden fue cumplida. Esa confesión la realizó en la cámara de oficiales del buque Ignacio Manuel Altamirano ante la presencia de varios oficiales, incluyéndome. En esa misma ocasión Lacho Falso hizo otra revelación que igual me asustó: la familia Lumbres y su parentela radicada en Ensenada, Baja California, el capitán retirado Chapo Tote y esposa, habían planeado asesinarme, pero al final desistieron. ¿Y por qué habían urdido asesinarme? Pues porque tenían la falsa idea que yo había abusado sexualmente de Pepe Chuy Lumbres; calumnia que, como dije anteriormente, Triple Equis la habría usado para evitar su expulsión de la Heroica Universidad Naval Militar de no haberse comprobado su conducta psicótica.

El capitán Lacho Falso intensificó su hostilidad contra mí e incluso ordenó tanto al segundo comandante como al jefe de máquinas del barco que, en la menor oportunidad, me arrestaran, porque tenía intención de someterme a consejo de honor para que por motivos de indisciplina yo fuera removido a otro buque.

A causa que el capitán Lacho Falso estaba consiguiendo la vileza de arrestarme por cualquier insignificancia, y a cada momento me recordaba que iba a ordenar consejo de honor por indisciplina en mi contra, me disgusté de tal manera que un día tomé la decisión de irme de baja, pues mi dignidad no me permitía aceptar que un criminal, asesino y narcotraficante como es Lacho Falso, quien con sus actos deshonra a la institución que lo acoge y al uniforme que porta, procediera contra mi persona con consejo de honor para afectarme y dejarme en completo estado de indefensión. Además, si como resultado del consejo de honor por indisciplina me removían a otro buque, igual continuaría padeciendo el acoso de los almirantes Pepe, y Chuy Lumbres, y mi carrera naval de cualquier forma se hubiere visto truncada.

A mediados del año 1990, el almirante Al Capo Ne fue defenestrado del cargo de ministro del mar al haberse comprobado su participación en actividades ilícitas de narcotráfico. El semanario Proceso dio la cobertura más amplia a este acontecimiento. También fue removido de su cargo el almirante Popo Rico, quien era el oficial mayor de la Armada en tiempos del almirante Al Capo Ne, y en la actualidad es el presidente de la Asociación de la Heroica Universidad Naval Militar. Igualmente, fue relevado del cargo el entonces secretario particular del almirante Popo Rico: el capitán Lacho Falso; ambos eran personas muy allegadas al almirante Al Capo Ne. En aquel tiempo, el capitán Lacho Falso fue cambiado de la secretaría particular, de la oficialía mayor de la Armada, al buque Ignacio Manuel Altamirano, debido a lo cual se encontraba angustiado y con incertidumbre sobre su futuro por la conmoción que sufrió como consecuencia de esa caída militar, y se preguntaba una y otra vez si el haber pertenecido al equipo del almirante Al Capo Ne lo había afectado a perpetuidad para ascender de grado militar. Varias veces hizo referencia al tema de los ascensos, por lo que no es difícil inferir que el capitán Lacho Falso realizó un acuerdo con la familia Lumbres para que lo ayudaran a lograr el ascenso que anhelaba, a cambio de afectar mi carrera naval.

Por lo anterior, tomé la decisión de faltar diez días a mi servicio con el propósito de causar baja. Al término de estos días regresé al buque, pero el capitán Lacho Falso me envió a entrevista ante el técnico radiólogo del sanatorio naval de Ensenada para una consulta de carácter psicológico, pues según el capitán, dicha consulta era muy necesaria. El capitán también me ordenó acudir a otra entrevista, ante el abogado de la zona naval. No entendí la motivación del capitán Lacho Falso cuando me dio estas instrucciones, pero cumplí las dos órdenes. En aquellas fechas el capitán Lanzado Guti, segundo comandante del buque, fue asignado a otra unidad y llegó a ocupar dicho cargo un capitán de corbeta pariente político de los almirantes Lumbres de nombre Aranda Oce.

A pocos días que me entrevisté con el técnico radiólogo y el abogado de la zona naval, el Estado Mayor General de la Armada (novohispana) ordenó mi presencia en ciudad Tenochtitlan, y una vez que me presenté en la sección primera con el capitán Lee Armador, este me mandó acudir al departamento de psiquiatría del Centro Médico Naval donde me realizaron, en el transcurso de aquella semana, exámenes psicológicos y psiquiátricos. Después de someterme a los exámenes ordenados por el mando naval, me reincorporé de inmediato al buque Ignacio Manuel Altamirano.

Cuando contento volví al buque, el capitán Lacho Falso, desconcertado por mi presencia en Ensenada, con gesto adusto me preguntó: "¿Por qué me lo envían de regreso?". Acto continuo, Lacho Falso, muy afectado, me ordenó que acudiera a la unidad de infantería de marina del puerto, pues no iba a aceptarme a bordo de 'su' buque "así nomás porque sí [sic]".

Debido a que el capitán Lacho Falso se negó a cumplir la orden de la sección primera del Estado Mayor General de la Armada, de reincorporarme al buque de mi adscripción, fui comisionado a la oficina de la comandancia de la Segunda Flotilla Naval.

Cuando llegué al edificio de la zona naval, el abogado me notificó que el capitán Lacho Falso, con la asistencia del entonces capitán

Ramael Azcárraga, lo estuvieron presionando para obligarlo a avalar una calumnia en mi perjuicio, la cual consistía en que el abogado afirmara en una acta de hechos que yo, supuestamente, le había confesado que me gustaban los hombres sexualmente hablando, lo cual es categóricamente falso de toda falsedad.

En virtud que era orden infame por parte del capitán Lacho Falso, de firmar la acta donde él me calumniaba, el abogado de la zona naval mantuvo su integridad moral y se negó ecuánime a obedecer esa orden ilegal. El abogado de la zona naval también me informó que durante la discusión con el capitán Lacho Falso, este dijo que el técnico radiólogo del sanatorio naval, a quien el capitán Lacho Falso habilitó como psicólogo para una consulta conmigo, sí firmó la calumnia en mi contra para obedecer y no tener problemas con el capitán Lacho Falso, misma calumnia que fue remitida al Estado Mayor General de la Armada para ofender la inteligencia del mando.

Así comprobé el dolo y mala fe por parte del capitán Lacho Falso para hacerme daño; y al exigirle, patético, una explicación, aprensivamente argumentó el consabido pretexto que el capitán retirado Chapo Tote y esposa habían dicho la infamia que yo abusé sexualmente de Pepe Chuy Lumbres, lo cual, reitero, es totalmente falso de toda falsedad, pues nunca hubo relación homosexual forzada o consentida ni de cualquier otro tipo entre Pepe Chuy Lumbres y yo; por esto no soy oficial de inteligencia de la Armada ni actor de Televica o Tv Esteka. Gracias a Dios. Amén.

¿Por qué razón los almirantes Lumbres y su parentela están tan seguros que la calumnia de Tripe Equis es cierta?

¿Acaso Pepe Chuy Lumbres me mintió diciendo que había negado la calumnia durante el consejo de honor, pero en realidad aceptó como cierta dicha infamia de Triple Equis para evitarle la expulsión?

¿Existía alguna relación inmoral entre Pepe Chuy Lumbres y Triple Equis que fue descubierta y trataron de involucrarme para exculpar a Triple Equis?

Surgen estas cuestiones porque cuando regresé del Ministerio de la Defensa Nacional donde denuncié a la autoridad universitaria naval por el acoso homosexual con el que me atacaba, la misma autoridad universitaria naval homosexual, por conducto del sargento primero Toto Violante, argumentó que Pepe Chuy Lumbres me acusó por difamación de honor, lo cual era otra sutileza más por parte del mando de la universidad naval o del propio sargento primero, pero este supuesto me parecía irrelevante, pues lo importante para mí era que me dejaran en paz.

Triple Equis durante su defensa no sólo me calumnió a mí sino declaró que en el dormitorio vivían otros homosexuales como él, pero no mencionó nombres y el mando no pudo, o no quiso, exigirle que revelara dichos nombres. Esto último me lo confió el cadete Severo Lorca, y también dijo que Triple Equis desde mucho tiempo atrás había sido sospechoso de ser el culpable de los *fellatios*, pero que no se había podido comprobar nada.

¿Quién de los sargentos de cadetes alertó a Triple Equis cuando alguien de la universidad confió la sospecha sobre él o lo denunció?

Días después que reclamé al capitán Lacho Falso la manera infame como había intentado que el mando central de la Armada novohispana se viera engañado para afectarme, fui al buque a realizar trámites. En aquella ocasión, el teniente de fragata Rubio, jefe de la estación de radio, ahora capitán retirado Rubio, me rindió el parte verbal que el capitán Lacho Falso vendía marihuana a personal de clases y marinería del buque por conducto del cabo de la estación de radio, motivo por el cual procedí con mi deber de canalizar la denuncia verbal ante el comandante de la Segunda Flotilla Naval, quien en esas fechas era el capitán de navío Luis P. Fuentes.

Debido a la denuncia del teniente Rubio, el capitán Luis P. Fuentes ordenó al capitán Lacho Falso que se presentara en la oficina de la Segunda Flotilla Naval para que explicara los hechos en los que estaba acusado de vender droga a personal de tripulación del buque con la intermediación del cabo de la estación de radio. Esto es todo lo que supe concerniente al caso.

Después de las denuncias por corrupción contra el capitán Lacho Falso, quien fue removido a un buque fondeado en la zona naval de Manzanillo, Colima, pude reincorporarme al barco de mi adscripción Ignacio Manuel Altamirano.

El relevo de mando en el buque no resultó favorable para mí, ni tampoco para el jefe de la estación de radio por haber delatado al anterior comandante, pues tuve diferencias irreconciliables con el nuevo comandante ya que no consideraba mi grado jerárquico, por lo que decidí regresar a la oficina de la Segunda Flotilla Naval.

También fui a ciudad Tenochtitlan para otra valoración psicológica y psiquiátrica. El psiquiatra que me atendió, Dr. Malberto Santoscoy, confesó que él no estaba de acuerdo con el dictamen que iba a redactar, pero que él recibía órdenes y debía cumplirlas. Por mi parte, solicité audiencia con el jefe del estado mayor de la Armada para informarle del acoso que yo sufría por parte de los almirantes Lumbres y familiares, y que no tenía caso ordenar mi cambio de adscripción a otro buque, pues seguramente dichas personas iban a continuar molestándome, por lo que en esa audiencia solicité al jefe del estado mayor mi separación de la Armada de Nueva España. Estos hechos ocurrieron en febrero de 1994, y en noviembre de aquel año recibí un oficio que sentencia mi separación del servicio activo de la

Armada por retiro forzoso, sin ningún tipo de prestación social o económica por encontrarme inútil para trabajar; dicho oficio especifica que la sanción devino así porque adquirí la enfermedad mental denominada «trastorno delirante paranoide crónico debido a actividades realizadas fuera de la milicia», y quien signó el oficio de cómputo final de mi servicio en la Armada fue el entonces contralmirante Pepe Lumbres, y sospecho que él dictó al psiquiatra el disparatado dictamen.

Al pasar a situación de retiro, supuse que me había librado de la influencia negativa que ejercían en mi vida los almirantes Lumbres y familia, así como Lacho Falso. En menos de seis meses después del retiro, en una empresa privada localizada en la colonia Escandón de ciudad Tenochtitlan, descubrí que continuarían molestándome ya que logré descifrar al capitán Lacho Falso a pesar de su piel atezada, la voz ronca afeminada y el látex cacarizo que usó en el rostro para disfrazarse, y eso que yo lo imaginaba vendiendo fayuca en el buque fondeado donde lo comisionaron: el Transporte Colima.

No tiene caso relatar cada acontecimiento que relaciono con el modus operandi de calumnias y trampas característico de estas personas homosexuales mediante el cual me atacan y hacen daño. Sin embargo, estoy seguro que personal de inteligencia de la Armada de Nueva España me mantiene estrechamente vigilado ya que he identificado a dos de estos elementos. Un sujeto es el segundo hijo del almirante Pepe Lumbres, de apellido Lumbres Pitic; el otro individuo es el maestre Bram Vila, así dijo que se llamaba y lo vi uniformado; a ambos los vi en el edificio del Ministerio del Mar en el año 2007, y en el 2008, los descubrí en Mexicali, muy cerca de mí y vigilándome; por cierto, debido a intento de homicidio por parte de Lumbres Pitic en mi perjuicio, levanté la denuncia número 284/09/106/AP en la delegación González Ortega de esta ciudad de Mexicali. En cuanto al maestre

Bram Vila, estoy convencido que él se evidenció para avisar que me tenían rodeado y así alertarme de peligro. A este maestre lo conozco muy bien y nos poníamos a platicar en el Minmar. No me extrañaría si alguno de los almirantes Lumbres, quienes en esta fecha deben estar retirados de la Armada de Nueva España –lo que no les impediría verse apoyados por el ministro del mar–, en su defecto, el contralmirante Lacho Falso, tengan personal bajo su mando para realizar actividades de vigilancia y velados ataques peligrosos en mi agravio, y así dar rienda suelta al resentimiento delirante que los ha caracterizado.

Hago digresión para explicar el móvil criminal que alienta este tipo de injusticias y abusos gubernamentales realizados en agravio de la sociedad. En el Ministerio del Mar existen buques fondeados que tienen décadas sin navegar, no obstante, el mando los mantiene en el registro nominal con el fin de recibir mayor presupuesto estatal. Son buques inservibles con tripulación y gastos menores de mantenimiento, no navegan pero reciben parte del erario. Los recursos sobrantes de estos buques se emplean para otros fines navales y de espionaje. Así, también existen militares con hijos trabajando en las fuerzas armadas, a quienes para protegerlos y no se vean involucrados en casos difíciles que pongan en riesgo la vida –como sería investigar y espiar a grupos subversivos, terroristas, narcotraficantes o secuestradores– utilizan chivos ocupacionales, victimas inofensivas que no están en posibilidad de defenderse ni son capaces de tomar justicia por propia mano, quienes a pesar de no haber cometido delito ni ser sospechosos de ello, sirven para que el mando obtenga presupuesto estatal con el fin de mantener a sus seres queridos en operativos de espionaje, generen antigüedad y puedan pensionarse sin problema al término de veinte años de simulación, que son los años de servicio mínimo a efecto de jubilarse conforme a la Ley de Seguridad

Social de las Fuerzas Armadas novohispanas, algo justo para quienes realmente entregan su vida a la institución armada, pero no para aquellos vivales que aprovechan esa prerrogativa en su beneficio personal.

En mayo del año 2007 estuve en la ciudad y puerto turístico de altura Heroica Guaymas, Sonora, resguardándome de quienes en meses anteriores habían tratado de asesinarme en Mexicali. Un día mi cuñado, mi padre y mi hermana fueron a una playa en San Carlos, Sonora. Mi cuñado, finado, tenía más o menos la misma complexión y estatura que yo y también conducía un vehículo muy parecido al de mi padre. Cuando regresaron de la playa, mi cuñado platicó que en dicha playa solitaria muy lejana en el noroeste de San Carlos, llegaron dos vehículos y se estacionaron detrás del vehículo de mi cuñado; y mi cuñado observó que alrededor de seis personas armadas con subametralladoras y pistolas bajaron de los vehículos, pero en lugar de accionar las armas únicamente permanecieron unos segundos viéndose entre ellos, también oteando los alrededores; y de inmediato, así como llegaron, se retiraron. Al conocer este hecho recordé el modo de operar del capitán Lacho Falso cuando nos platicó a los oficiales del buque que él había ordenado el asesinato de dos personas en Salina Cruz, Oaxaca.

Así mismo, en junio del año 2007, un oficial de la Armada comentó que el ahora contralmirante Lacho Falso fungía como jefe de estado mayor de la región naval en Heroica Guaymas. En marzo del año 2008, observé al contralmirante Lacho Falso en Heroica Guaymas platicando con regidores municipales.

En mi humilde opinión, Lacho Falso padece una psicopatía comparable a la de Espartaco, personaje incisivamente ególatra y narcisista del escritor español César Vidal en la premiada novela Los hijos de la luz.

El día 18 de diciembre del año 2008, a las 12:40 p. m., yo caminaba por la prolongación de la calle Novena de esta ciudad de Mexicali. Alrededor de ochocientos metros antes de llegar a la carretera que lleva al aeropuerto, me percaté que un vehículo Ford, pick up, color marrón, aumentó de forma peligrosa la velocidad a unos metros de donde yo transitaba, pasándose del primer carril al acotamiento con la intención de atropellarme, por lo que hice esfuerzo para esquivarlo, a bordo del cual venía una persona del sexo masculino, tez blanca, de treinta y siete años de edad en apariencia, cuyo perfil fisonómico coincide con el de nombre Lumbres Pitic, hijo del almirante Pepe Lumbres, hermano de Pepe Chuy Lumbres; dicho conductor, al parecer, se desempeña en la sección segunda del estado mayor de la Armada de Nueva España y es la misma persona que en el año 2006 me molestó en el edificio de la Organización Religiosa Cedes (Órece). Cedes es el nombre de una ciudad antiguo testamentaria que significa lugar de refugio y restauración. Los individuos Iscariote, y Judas, líderes de Órece, debieron haber estado notificados que el oficial de inteligencia de la Armada de Nueva España Lumbres Pitic, quien intentó asesinarme con el vehículo descrito, estaba ejerciendo acosamiento psicológico de carácter homosexual con la finalidad de montar una farsa para dañar mi reputación, y que las calumnias usadas en mi contra entre los miembros de la mencionada organización religiosa tuvieran mayor efecto dañino, provocando así afectación moral irreparable entre citados miembros religiosos y mi persona.

La punta de toda esta madeja de intrigas y delitos la constituyen los individuos Iscariote, y Judas, quienes, como mencioné anteriormente, son los líderes de Órece, ubicada frente a la empresa Televentas de esta ciudad de Mexicali, y a ellos debieron, los oficiales de inteligencia de la Armada de Nueva España o personas pagadas por los almirantes Lumbres y el contralmirante Lacho Falso, haber informado con anterioridad que iban a realizar en el interior del recinto de la citada organización religiosa terrorismo psicológico *homosexualoide* en pretendido agravio a mi persona, por lo que solicito a usted que ambos individuos se presenten a declarar ante esta Comisión a su digno cargo, sobre los hechos descritos, bajo juramento de hablar con la verdad, para que de esta forma los hechos reales que en la presente denuncia señalo, lleven a los criminales ante las autoridades judiciales correspondientes y sean sometidos a juicio, y que a diferencia del proceso kafkiano, esta historia real no tenga desenlace fatal para el suscrito.

Informo a usted lo anterior a efecto que las violaciones a los derechos humanos ya descritas, así como las consecuencias legales que deriven de esta denuncia ciudadana, sean debidamente subsanadas.

Atentamente.

Gustavo Marsanto

C.c.p. La respetable opinión pública.

94

Establo, y a pesar que sospechaba acerca de la nula veracidad de los datos, acude ante la cuestionada víbora para preguntarle si sabía del paradero de familiares que habían desaparecido meses antes.

—Señor Gobierno –dice la ratoncita a la víbora–, estoy buscando a mis padres y mis hermanos, desaparecieron hace tiempo y no he podido encontrarlos. Alimafiosa me informó que usted puede ayudarme a encontrarlos porque es el único capaz en todo el Establo.

Gobierno es el nombre de la víbora, quien se alegra de ver a la ratoncita implorando auxilio, ya que no ha desayunado todavía.

—Hola, estimada ratoncita, ¿cómo te llamas?

—Ciudadanía es mi nombre, estoy buscando a mis familiares desaparecidos. Alimafiosa me aconsejó que confiara en usted porque es servidor público muy preparado y es profesional, doctorado por la Universidad del Primer Mundo en la ciencia de gobernar.

—Por supuesto, querida Ciudadanía, por ello estoy a cargo del Establo, nadie más puede ocuparse de este importante cargo que desempeño tan bien. Aunque por ahí andan unos grillos charlatanes y villamelones diciendo que estoy en el Establo enriqueciéndome ilícitamente, y que en complicidad con la delincuencia, soy el culpable de los secuestros, el narcotráfico y otros crímenes peores, te aseguro que lo dicen por pura envidia, no les creas.

—Esos grillos que menciona también dicen que usted tiene en el sistema público terrible corrupción, ineptitud, impunidad y perversidad, lo cual hasta ahora ha logrado esconder bajo la paja de los discursos, pactos políticos, promesas, actuaciones dramáticas ante cámaras y micrófonos, más otros distractores que las alimañas — amigas suyas— inventan, como la captura, la fuga y las subsecuentes

97

reaprehensiones y huidas del narcotraficante Saraguato Primero – expresa Ciudadanía.

Indignada, la víbora responde:

—Lo único que intentan esos grillos infames es desestabilizar al Establo, ellos son los culpables de las desapariciones y todos los crímenes, son los enemigos de la comunidad y estoy seguro que algo malo esconden, no son de fiar y nunca serán capaces de realizar el servicio que cumplo a cabalidad por amor al Establo –argumenta la víbora.

—Soy todo lo que ves, y lo que te ha dicho Alimafiosa respecto a mi humilde persona también es verdad –dice la hipócrita víbora mostrando únicamente su pequeña cabeza–, este es todo mi ser, soy como tú, un ciudadano ocupado en el bien común del Establo. No tengo nada qué esconder, querida Ciudadanía, por lo que puedes confiar plenamente en mí.

La ratoncita había dudado inicialmente en la conveniencia de entrevistarse con Gobierno, pero al estar escuchando la explicación siniestra de la víbora, y por lo que previamente observó y descubrió por cuenta propia recordando las advertencias de los grillos, ahora está segura que tiene la solución al problema de inseguridad pública y todas las demás crisis sociales, económicas y políticas que amenazan con destruir al Establo.

Gobierno, por su parte, se congratula interiormente de su capacidad histriónica, ya que la cándida ratoncita parece que se tragó todo el cuento del falso amor a la patria, la supuesta consagración al servicio público y todas las demás patrañas que se le ocurrieron y con las cuales confundió más a Ciudadanía. Esto supone la víbora riendo para sí.

—Magnífico —piensa la víbora–, ahora utilizaré mi cascabel para que Ciudadanía se llene de pánico y busque mi protección; y cuando haga esto, la degustaré a mi entera satisfacción; después, habrá una desaparición más en la estadística del Registro de Abducciones del Programa Tierra sin Ovnis (Rapto), el cual se encarga de contar mis víctimas —dícese la malvada víbora, y ríe para sus adentros burlándose de la aparente ingenuidad de Ciudadanía.

Entonces, a unos metros de distancia, empieza a salir entre la paja el cascabel de Gobierno, y ruidoso amenaza con atacar a Ciudadanía.

—¡Aaay! ¡Allí están los anarquistas, los secuestradores, los narcotraficantes, los políticos y los empresarios corruptos, los fascistas y toda la delincuencia organizada que asola al Establo! ¡Haz algo Gobierno! –grita Ciudadanía alarmada.

—¡Te juro por la virgencita que los atraparé, amada Ciudadanía!, pero mientras dispongo lo conducente, ven, acércate a mí para que pueda protegerte mejor, ¡no vaya a ser que los malhechores te hagan daño!, los detendría en este momento, pero, tú sabes, estoy atado de manos por culpa de los derechos humanos que debo respetar, además, el anterior jefe del Establo provocó esta desorganización donde sólo los rufianes ganan las batallas. El pacto de seguridad y la reforma del establo de derecho que he propuesto, a todos los políticos y las alimañas les ha parecido una maravilla, sin embargo, ¡la delincuencia no respeta mis iniciativas! Mejor acércate y apóyate en mí, confía en mi palabra y no en la de los fementidos grillos –argumenta Gobierno intentando que Ciudadanía se confíe para devorarla y así consumar el crimen sin dejar rastros de violencia.

Capítulo 2

EL BANQUETE

Pero Ciudadanía recula, no se deja hipnotizar y también se percata del colosal cuerpo de la víbora, pues la paja ya es insuficiente para cubrirlo todo; además, ningún discurso ni promesa de cambio resulta convincente en este tiempo, ya que incluso un anterior jefe de Establo lloró amargamente con la promesa de mejorar las condiciones de vida del pueblo, empero, todo había sido una bien trabajada estratagema para que las alimañas lo televisaran en cadena nacional; así engañó a toda la comunidad del Establo que continuaría a la bartola otro sexenio más como consecuencia de aquella magistral sesión histriónica.

El señor Gobierno se impacienta porque Ciudadanía permanece estupefacta y no se acoge a él, pues la ratoncita descubre que Cascabel –la delincuencia organizada– no es ni siquiera molestado, ni aun a sabiendas que él está involucrado en las desapariciones; por el contrario, tiene libertad de acción criminal y cobertura de impunidad debido a que forma parte del sistema corporal de Gobierno, quien tiraniza a los habitantes del Establo.

La ratoncita se percata que la víbora está posicionándose para lanzarse contra ella; se da cuenta de esta infamia gracias a que se ha quitado la venda de los ojos, está siendo honesta consigo misma y esto la ayuda a rechazar los argumentos falaces, pues aunque la oratoria y la actitud solidaria y patriótica que Gobierno asume son persuasivas y podrían engañar al zorro más perspicaz, Ciudadanía tiene presente los hechos trágicos en los cuales la sociedad está inmersa, y estos manifiestan, de oriente a poniente y de norte a sur, que la víbora –considerada honorable casi de forma unánime por la comunidad ratonil, que es la más pobre e ignorante dominada por las telenovelas– miente descaradamente en todas y cada una de sus palabras y comportamiento.

Esta desconfianza de Ciudadanía en la calidad institucional parece disparate a las ratas publicanas investigadoras, a cargo de la policía judicial, que como paradoja se niegan a otorgarle el derecho a una justicia pronta y expedita, no obstante, la situación agobiante del Establo desmiente claramente a esas ratas serviles de Gobierno.

—¡Dios mío, estoy atrapada! –musita ciudadanía–. Acto seguido, toma el teléfono celular y habla fuerte y claro para que Gobierno la escuche.

—¡Hola, sí, estimado Grillomirán! Estoy en este momento con Gobierno solicitándole ayuda para esclarecer la desaparición de mi familia. Pero estoy en situación terrible porque Cascabel me persiguió y me tiene acorralada. La víbora no me protege pues no quiere violar derechos humanos de los cascabeles, ¿puedes creerlo?

El señor Gobierno, preocupado en continuar con la simulación perfecta, no se atreve a consumar el plan de desayunar a Ciudadanía; por lo que, controlando la ira y el apetito, con ternura dice a la ratoncita:

—Ciudadanía, no te angusties más, he dado instrucciones a mi cuerpo especial de gendarmes para que atrapen a los cascabeles que te tienen acosada, verás que pronto los llevaremos ante la justicia. Comunícale esto a Grillomirán. ¡De la nada puede producirme un escándalo!

—Terminé de hablar con Grillomirán, viene para acá con toda la prensa libre y usted mismo puede darle esa información en unos minutos más, verá qué rápido llegará –sentencia con autoridad Ciudadanía.

Ante el desconcierto de Gobierno, Ciudadanía aprovecha el instante para escapar.

La verdad es que Ciudadanía ni tiempo tuvo de marcar el número telefónico de Grillomirán, ¡ni siquiera tenía saldo en el teléfono! Toda la supuesta conversación telefónica fue fingida, pero la táctica funcionó y logró salvarla.

Algunos mienten para engañar y hacer daño a sus semejantes, pero otros no tienen más alternativa que mentir para disuadir a los criminales y salvar la vida o legítimos intereses. En el final, todos seremos juzgados por nuestras palabras, para bien o para mal. En circunstancias normales, lo mejor es callar para no mentir nunca, y después decir la verdad cuando pueda ser apreciada, aunque esta verdad nos perjudique. Una de las garantías universales es el derecho a guardar silencio. Quien calla no necesariamente otorga.

Minutos más tarde, Ciudadanía llega al domicilio donde se ubica el inteligente y práctico edificio de *El in-Formativo*, «El periódico veraz, objetivo, imparcial y analítico, pero sobre todo nacionalista», cuyo tiraje es de trescientos mil ejemplares diarios, contando sus filiales en provincia; la página internética cuenta con una creciente audiencia –desde las primeras horas de la mañana– de tres millones quinientos cincuenta mil internautas, lectores y televidentes insaciables del mundo hispanoparlante; es propiedad cooperativa de la comunidad grillera; su presidente y director general es el ilustre Grillomirán, quien escucha atento a Ciudadanía; no soporta la hipocresía de Gobierno y una vez más recibe el mismo testimonio que antes habían denunciado otras víctimas sobrevivientes acerca del hostigamiento y los ataques de Cascabel; situación de la cual Ciudadanía había estado advertida, pero desatendió porque no creyó el consejo. Ella pensó que eso sólo ocurría en las telenovelas, ¡que la enajenaban!

—Acompáñame a la comilona que Rosiflor ofrece a la prensa –propone Grillomirán a Ciudadanía–, está en camino a la residencia presidencial; primero, necesito cubrir el suceso de la asociación civil Anaconda para la sección *Sociedad y Espectáculos*, y después todos los reporteros juntos daremos una visita de cortesía a Gobierno. ¡A ver si se digna en recibirnos! ¡La víbora continúa ofendida porque ya no aplaudimos sus discursos!

A unas cuadras del domicilio presidencial se encuentra la activista ratonitaria Rosiflor, ofreciendo el banquete de agradecimiento a los distinguidos miembros del prestigioso colegio de publirrelacionistas, quienes la han premiado en distintas ocasiones por la gestión que realiza al frente de la Asociación Nacional Contra Delincuentes Asociados, A. C. (Anaconda), con un total de ¡veinticinco reconocimientos!, vía diferentes instituciones sociales, pues es meritoria la labor altruista de Rosiflor al haber rescatado de los proxenetas, antes que consumaran la felonía, a ¡dieciséis doncellas y donceles! durante el lapso de cuatro años de arduo trabajo de investigación y persuasión, por lo que el alto sueldo que percibe, más los viáticos para viajes, conferencias, salones de belleza, vestuario, maquillista, publicidad, cirujano plástico, mercadotecnia, nutriólogo, eventos para recepción de premios y donaciones, cosmetólogo, gastos de protección –noventa agentes se turnan día y noche para resguardarla, a ella y su familia–, más otros egresos que le brindan las vacas gordas del erario para relaciones públicas y demás gastos suntuarios como este convite que ofrece a sus aduladores, bien valen la pena.

—¡Esta clase de shows encanta al pueblo! ¡Se enternece tanto con mis rescates! –dice emocionada Rosiflor.

Si de verdad interesara a la sociedad la vida de miles de ratoncitas y ratoncitos núbiles que son secuestrados cada año para la trata, todo ratón y ratona del Establo, organizándose, impediría este comercio inmoral en la manzana y colonia donde vive y transita. Con tal razonamiento se justifica Rosiflor para tranquilizar la conciencia.

Por su parte, Grillomirán no está convencido de la calidad ética y profesional de Rosiflor, sin embargo, ella es la mejor cliente de *El in-Formativo*, ¡paga por adelantado la publicidad de cada año! Esto permite al rotativo la holgura necesaria para mantener la autonomía logística y la línea editorial contradictoria al gobierno, así brinda la labor cultural y política que demanda la república. De tal circunstancia está consciente Rosiflor, ello la enorgullece, y es otro motivo que la alienta a continuar con el pingüe negocio de la farsa altruista.

Después de disfrutar una copa de delicioso vino espumoso y degustar exquisitos bocadillos, Grillomirán baila con una de sus reporteras estrellas. La música, el ritmo, la melodía, el ensoñador aroma del ambiente resultado de la fusión de refinados perfumes, producen en los invitados sensaciones agradables y placenteras, de relajamiento y diversión… de juego… alegría… de buen humor.

—¡Señor Grillomirán! –interrumpe uno de los reporteros–, recibí llamada de Chicharra Roy. ¡Otra tragedia… señor… ocurrió otra tragedia!

Capítulo 3

La visita

El licenciado Ardilla Comparsa, quien es ardilla habilidosa para transar, se encuentra con el señor Gobierno en la visita vespertina. Casi todos los días es el primero y último en entrevistarse con la víbora, incluso en días festivos, si es necesario.

El Jefe, como apoda la clase política a la ardilla, ha logrado convencer a Gobierno de lo conveniente que ha sido reconocer en el partido azul la verdadera oposición política, aunque esto sea mentira, pues tanto el partido rojo de la víbora como el azul de la ardilla, tienen los mismos intereses elitistas, ello garantiza la continuidad del régimen pérfido.

Ambos partidos políticos practican la misma ideología, la cual consiste, a grandes rasgos, en basar todas sus políticas públicas en una absurda regla: Entre menos burros, más olotes. Es decir, impiden toda oportunidad de progreso y liderazgo a los ciudadanos y, sobre todo, a los pueblos indígenas, dueños originales del Establo.

La abundancia de recursos y la riqueza del país, según ellos, sólo deben usufructuarlas los políticos y los empresarios corruptos de la casta criolla, así como otros grupos castizos extranjeros igualmente corrompidos y perversos: ingleses, franceses, italianos y alemanes, principalmente, cuyo interés común es someter al débil y saquearlo. No sólo esclavizan al pueblo de este Establo, sino que oprimen a todos los pueblos del mundo, perjudicando sobremanera sus propias etnias empobrecidas. No respetan cultura ni ideología. Repudian a Dios aunque juran ser los vicarios. Son los llamados antiliberales o anticristos quienes intentan establecer el imperio mundial para desaparecer la Iglesia judeocristiana, y según el libro Apocalipsis, lograrán instaurar ese gobierno totalitario por un lapso de siete años. Esta revelación los alienta.

Los otros dos partidos políticos del Establo, el amarillo y el verde, compuestos por indígenas, mestizos y criollos, indignos, no significan ningún riesgo para el statu quo, pues son fieles servidores de Gobierno, ya que también se constituyen en grandes beneficiarios de la injusta repartición del tesoro público. Viven en el dispendio. Los lujos y las comodidades para ellos son religión. Por ello están muy agradecidos con Gobierno y satisfechos con la afiliación en el putrefacto sistema político, que capitaliza para sí las ganancias, pero sociabiliza las pérdidas en perjuicio de la comunidad.

—Estuve pensando sobre lo que acordamos en la mañana respecto a Conejo –dice Gobierno–. No me gustaría que surgiera otro rebelde electoral como Lince, quien nos está complicando más de la cuenta. Así que me parece buena idea tu propuesta. Debemos abatir el incipiente liderazgo de Conejo, pues no creo que acepte ninguna dádiva a cambio de terminar con el reclamo de justicia por el secuestro y muerte de su hija. Está inconsolable.

—Así es –contesta con gesto de disgusto el Jefe Comparsa–, de nada sirvieron los histriones que presentamos para que se hicieran pasar por los presuntos asesinos de la hija. Ocurrió lo impensable,

Conejo había realizado sus propias investigaciones y descubrió la farsa. Fue muy lamentable la escena.

—Lo importante en este momento es opacar su liderazgo. La asociación civil antisecuestro que formó gana adeptos, y podría generarnos problemas en caso que tenga la ocurrencia de participar en el próximo proceso electoral coaligado con Lince. ¿Qué estás haciendo al respecto? –pregunta Gobierno.

—Lo que indica nuestro manual de la simulación perfecta –responde el Jefe Comparsa–, dar cámaras y micrófonos a una nueva luchadora social afín a nuestros intereses, ¡y que no haga declaraciones temerarias! Ya está en construcción la emblemática lucha que ella encabezará en contra del secuestro. Estoy coordinando todos los detalles de su lanzamiento a la fama.

—¿Luchadora?, ¿quién es la dama?

—Es Coralillo, tiene aceptación y carisma en el gremio empresarial, en otras ocasiones nos ha resultado rentable y creo que esta misión la consagrará. La hemos preparado de manera excelente –contesta ufano el Jefe Ardilla Comparsa.

—Necesitamos que sea verosímil y genere empatía en la población, ¡necesito que sea una aliada calificada para esta gestión! –manifiesta Gobierno con sentido de urgencia.

—Mañana se publicará en varios carteles monumentales la noticia sobre el secuestro y desaparición del supuesto único hijo de ella –puntualiza el Jefe Comparsa, enfatizando todas y cada una de las palabras– en los cuales se ofrece recompensa a quien proporcione datos para localizar a los delincuentes. Así mismo, para concretar el simbólico activismo contrasecuestro, dentro de unas semanas será entrevistada por la periodista Guacamaya del programa Enredando los cabos, en el Canal de las luminarias. Todo será de primer nivel. Despreocúpate, Alimafiosa está haciéndose cargo de afinar todos los detalles. Eso coartará el liderazgo y la influencia de Conejo, mientras tanto, la incuestionable señora Coralillo acaparará los reflectores.

Perico –el vocero presidencial–, alarmado, interrumpe la sesión entre Gobierno y el Jefe Comparsa.

—¡Señor presidente!, ¡Grillomirán y toda la prensa independiente se encuentran en el auditorio exigiendo su presencia! ¡Tenemos problemas!

—¡Tranquilízate! Eso es todo lo que pueden hacer cuando no hay elecciones, ¡estridencias, solamente! En unos momentos salgo a endulzarles los oídos –responde Gobierno con displicencia.

De regreso, en el auditorio de los periodistas, Perico intenta calmar los ánimos de los reporteros republicanos y la prensa independiente:

—¡No se desesperen, compañeros! ¡El señor Gobierno, presidente del Establo, saldrá en unos momentos para esclarecer todas sus dudas!

—¡No pude localizar al director de Rapto, pero según estoy informado, no hay ninguna nueva desaparición en las últimas veinticuatro horas!

—¡También, me da gusto informar a quienes todavía no han recogido el sobre con la gratificación, que el secretario de relaciones públicas de la oficina de la presidencia está en el jardín, junto a la planta de chayote, esperándolos! –remata Perico, muy sonriente.

—¡Es inadmisible el desempeño de Rapto! –exclama enérgico Grillomirán–. ¡Tenemos información de primera mano que desde hace una hora raptaron a varios borregos estudiantes del Heroico Colegio

Pedagógico! ¡No queremos escuchar otra vez el argumento que dizque fueron los ovnis extraterrestres!, ¡esos ni existen! ¡Exigimos una explicación científica de los hechos! ¡¿Qué está ocurriendo en el Heroico Colegio Pedagógico?!

—¡Damas y caballeros! ¡Atención, por favor! El ciudadano doctor Gobierno, presidente de la república, hace acto de presencia en este recinto –es el guardia presidencial anunciando con bizarría y presteza el arribo de la víbora.

Por un instante, el aviso provoca calma, sin embargo, al colocar Gobierno su diminuta cabeza en el estrado, los periodistas comienzan con la lluvia de preguntas:

¿Es verdad que ocurrió un arrebatamiento en contra de algunos borregos becarios del Heroico Colegio Pedagógico? ¿Sabe algo de los culpables? ¿Quiénes fueron? ¿Se trata de otro ovni? ¿Fue abducción extraterrestre, secuestro o simple desaparición? ¿Por qué únicamente atacaron a los borregos? ¿Por qué los maestros están ilesos? ¿Fue ataque selectivo hacia los becarios?, ¿los expusieron?, ¿los traicionaron? ¿Cuántos espías tiene el gobierno en cada aula del Heroico Colegio Pedagógico? ¿Hay soplones? ¿Cuántos profesores están cooptados por el ejército establano o son miembros del servicio de inteligencia del Nesic? ¿Qué información tiene?

—Estimados y apreciadas compatriotas, permítanme hacer uso de la palabra –expresa Gobierno de manera firme con voz engolada y solemne, extendiendo sus brazos cordialmente.

—Desde el inicio de mi gestión al frente del gobierno del Establo, he ratificado tenazmente mi compromiso de brindar protección, paz, seguridad y prosperidad a todos y cada uno de los ciudadanos y ciudadanas de la república; así como también he reiterado que para mí es el más grande honor estar a cargo de esta misión que dios y la patria me han encomendado.

—Al recibir esta máxima responsabilidad como primer mandatario del Establo y sus provincianas parcelas y granjas, juré ante nuestra heroica bandera respetar y hacer respetar la Constitución y las leyes que de ella emanan. Hoy, ¡ante ustedes como testigos fieles, queridos conciudadanos y amadas conciudadanas!, ¡cumplo ese voto patriótico!

—Debido a que los hechos que me refieren han ocurrido en la parcela libre y soberana de Yotzi, gobernada por el licenciado Lagarto, del partido amarillo, y para no entorpecer las correspondientes investigaciones que él ha ordenado y están llevándose a cabo, he decidido, de conformidad con nuestro establo de derecho, no interferir en el ejercicio de sus funciones como gobernador de la parcela.

—Los hechos en los cuales están involucrados algunos de los borregos del Colegio Pedagógico, como bien sabemos y ya lo he mencionado, han sido generados en la circunscripción territorial del gobernador Lagarto, por lo que esta presidencia de la república a mi digno cargo, está en espera del parte de novedades que rindan a esta institución presidencial tanto el procurador de justicia nacional como el comandante del ejército destacamentados en aquella plaza, quienes hasta el momento, según sendas videoconferencias que respectivamente sostuve con ambos servidores públicos, todo deriva de una cuestión menor entre bandas rivales del crimen organizado.

—Por tanto, oficialmente no hay ningún borrego ni persona desaparecidos, pues para dictaminar tal estatus aún no se ha cumplido el plazo de las setenta y dos horas que marca la ley, la cual todos debemos respetar.

—Una vez transcurrido este lapso, emitiré un comunicado sobre las indagatorias que las autoridades nacionales hubieren realizado en coordinación con la policía municipal y judicial de la parcela de Yotzi; esto, en caso que el gobernador Lagarto solicite dicha colaboración.

—Por mi parte, es todo. Muchas gracias.

Capítulo 4

LOS ENTUSIASTAS

Diez meses antes de la tragedia, en el mismo pueblo de Yotzi, Pantera S. Iserte y el Pájaro José discutían alegremente en la oficina de la Gasolinera Adán Uno.

—¡Jajaja! ¡Eres un vanidoso, Pantera! ¡Esta fotografía que publicaste en tu perfil de *Grilla Net* está truqueada! ¡Tramposo! ¡Jajaja! –el Pájaro José no pudo contener la risa al descubrir un disimulado retoque en la imagen *grillanetera* de su amigo.

—¡Jajaja! ¿Disimulado retoque? ¡Jajaja! ¡Pero si te dibujaste un bigote completo! ¡Jajaja!

—¡No, no, no! ¡Tampoco exageres, eh!, ¡tampoco exageres, que la foto no está truqueada!, ¡fíjate bien!, ¡la foto es cien por ciento o-ri-gi-nal, 'papa', eh!

—¡Uuuy! ¡Perdone usted, señor 'Sam Bigotes'! ¡Jajaja! ¡No quise ofenderlo! ¡Jajaja!

—Lo que pasó fue que… –Pantera, jugando y aparentando estar un tanto cuanto avergonzado con el fin de halagar a su amigo, trató de

113

dar una explicación tragicómica con la intención de defenderse–. En el momento de tomarme la fotografía había mucha luz, en un ángulo que hacía contrastar mi rostro y eso no favorecía mi ralo bigote, por lo que, ¡tomando en consideración la importancia de… decidí que… a efecto de…! ¡En pocas palabras, toda pantera que se aprecie de serlo, debe mostrar un gran bigote!

—¡Jajaja! ¡Ahora sí estamos de remate contigo! ¡¿Por qué mejor no escribes un ensayo, eh?! ¡Jajaja! Hmm… lo podrías titular ¡Las ocurrencias del bigote! ¡Jajaja! ¿No te gusta este título? ¡Jajaja! Entonces, titúlalo… ¡El bigote que ríe! ¡Jajaja!

—¡Ja-ja! Únicamente maticé mi bigote con un poco de tinta negra, y después me tomé la foto. ¿Ya está satisfecho el 'jovencito' que tiene una foto de perfil ¡de hace veinte años cuando iba a la prepa!? ¡A eso le llamo yo ser hipócrita, fíjate! ¡Criticas el retoque en la foto de tu prójimo, pero tienes el síndrome de Peter Pan! ¡Jajaja!

—¡Jajaja! ¡Ahora el exagerado eres tú, Pantera! ¡Ya me saliste muy moralista! ¡Jajaja! ¡Ya vámonos, ¿no?!

—¡Espérate, no estés distrayéndome! Ahora lo que debo hacer es terminar el informe contable, el patrón lo necesita para mañana mismo. Mejor ve adelantándote y compra las cheves, porque de seguro nos van a faltar en la convivencia que tendremos en mi casa con Lince Isaí Vaug, el día está caluroso.

—¡Uy, sí! Tú muy 'bíblico' y muy cristiano, pero bien chelero, ¿no?

—¡Jajaja! ¿Qué te pasa? Estás muy equivocado con eso. Sí soy bibliófilo, y también soy cristiano, gloria a Dios; mas un caguamón al año, no hace daño; una cheve al mes, te quita estrés; una a la semana, si te da la gana; pero una diaria, es consuetudinaria; y esto sí es malo, porque te conviertes en borracho, y lo mejor es evitarla. Estoy hablando en serio, ¿eh? Como cristianos, no debemos dejarnos dominar de ninguna cosa, no vaya a ser que por un exceso tengamos que lamentar consecuencias, siempre malas. Por esto es que la gran mayoría de los judeocristianos no toma ni una gota de alcohol en la vida; pues, aunque glorifica a Dios que tomemos un poco de alcohol sin emborracharnos, no tomar absolutamente nada de bebidas embriagantes lo glorifica mucho más todavía, porque, entre otras cosas, evitas ser piedra de tropiezo para aquellos que están esforzándose con la abstención a fin de desintoxicarse.

—En eso tienes razón, Pantera... Antes pensaba que eras hipócrita, pero con tu explicación, he cambiado completamente mi opinión sobre ti.

—¡Vaya! ¡Hasta que gané una contigo, Pájaro José! ¡Gloria a Dios! ¡Aleluya!

—Sí, Pantera, no eres hipócrita, ¡eres cínico! ¡Jajaja! ¡Hay de todo en la viña del Señor!

Minutos más tarde.

—¿Qué ondas, Pantera? Aquí están las cervezas, ¿y tú?, ¿ya terminaste?

—Ya acabé el informe. Mañana a primera hora lo revisaré para no dejar cabos sueltos. Vámonos, que ya nos han de estar esperando en la casa.

Pantera apagó la computadora y acomodó los objetos y la papelería de la rústica oficina de la gasolinera, fabricada con materiales pétreos de terminado artesanal que aparentaba ser de madera. Guardó bajo llave los documentos importantes; apagó la luz; y junto con su amigo salió de la oficina; aseguró la puerta, y volteó el letrero colgado en ella: "Cerrado".

Después dio instrucciones al supervisor de las bombas de gasolina, y se despidió de los empleados.

—Muchachos, muchachas, nos vemos mañana. Cualquier incidencia, por menor que sea, por favor, infórmenme de inmediato.

—¡Hasta mañana, Pantera! –respondieron los empleados.

En el camino, pedregoso pero flanqueado por abundante y rica vegetación, los dos amigos iban a pie. Era un tramo de dos kilómetros a casa de Pantera. Mientras tanto, expresaron inquietud y analizaron la situación social de la entidad.

—¿Cómo ves con los borregos del Heroico Colegio Pedagógico? Cada día se pone más terrible su rebeldía contra las corruptas autoridades del pueblo –comentó el Pájaro José.

—Es preocupante estar en la incertidumbre de no saber cuándo van a manifestarse, aunque no sé si debiera decir atacar –declaró Pantera–. Siempre están provocando problemas serios a la ciudadanía, que rechaza los vandálicos reclamos hacia el mal gobierno. A nosotros también nos perjudica el robo y la quema de camiones y oficinas, así como el cierre de vialidades. La situación es de verdadera angustia. Pareciera que este desorden conviene a las autoridades, pues, en lugar de aplicar la ley, dejan impunes los delitos y con ello alientan estas manifestaciones criminales.

—Los borregos también están entre la espada y la pared –continuó Pantera–. La pobreza los obliga y no tienen otra alternativa que cumplir con las exigencias y ocultas intenciones del magisterio, que a su vez, en el menor de los casos, tiene compromisos partidarios inconfesables… que si con el rojo, con el azul, el amarillo o el verde, y en el peor caso tiene ligas directas con la delincuencia organizada, con los narcotraficantes al servicio de la más alta autoridad de la parcela. Así, todos ellos provocan esta zozobra para que nosotros los ciudadanos estemos atemorizados, arrinconados, y no exijamos a los servidores públicos el cumplimiento de la ley y el establo de derecho.

—Sin embargo, considero que el motivo fundamental de este desorden ciudadano estriba en la baja autoestima que como sociedad tenemos –prosiguió Pantera–. Cada uno de nosotros, al cumplir la mayoría de edad, se convierte en ciudadano o ciudadana de la república, de una nación soberana e independiente, regida por el establo de derecho, y como tal, cada uno de nosotros también debe ejercer esta soberanía e independencia, en el ámbito personal, contra los opresores del pueblo que violan sistemáticamente la Constitución y las leyes. Ninguno de esos criminales de cuello blanco está por encima del más humilde e ignorante ciudadano del Establo que mantiene la soberanía y liderazgo al cumplir cabalmente con las leyes que lo rigen, lo cual no pueden aducir a su favor los políticos corruptos, quienes por dinero y poder mal habidos deponen la dignidad ciudadana. La esclavitud y la servidumbre fueron abolidas con el surgimiento de nuestra nación en el siglo antepasado, hace más de doscientos años, debemos asimilar esta realidad y castigar electoralmente a los transgresores que con engaño y simulación sojuzgan al pueblo soberano del Establo y de las provincianas parcelas y granjas –concluyó Pantera.

Ambos amigos continuaron platicando sobre otras cosas y llegaron a casa. Sus esposas los recibieron entusiasmadas en la mesa del jardín, las dos juntas fueron de compras y les fue muy bien, aunque tuvieron que regresar temprano porque tenían mucho interés en recibir a Lince Isaí Vaug, el presidente de la asociación civil Votar conviene, quien muy atento y respetuoso vendría aquella tarde para festejar con las dos familias el reconocimiento institucional a esta organización política en ciernes, por parte del gobierno de la república, y en la cual tienen cabida exclusivamente personas de moral íntegra, con convicciones, comprometidas con la comunidad, responsables, solidarias, y con sentido humanitario. Igualmente, con el fin de imponerse a las vicisitudes, adversidades y tentaciones corruptoras, quien desee afiliarse debe tener fortaleza de espíritu.

—Topo habló conmigo esta mañana para excusarse –habló el Pájaro José–; no pudo asistir a esta reunión debido a que lo llamaron para construir un paso a desnivel en la parcela fronteriza norte, gobernada por el Zopilote bailador, le dijeron que sería gran obra de ingeniería y no pudo rechazarlos; además, la paga es muy buena, según comentó.

—¿Reportaste esta circunstancia al presidente de Votar conviene? –preguntó Pantera–. Recuerda que para nosotros es importante dar la mejor impresión siempre, no es suficiente con la primera presentación, debemos mantener nuestro profesionalismo de manera incuestionable y ser puntuales y precisos, como la maquinaria de un reloj.

—Oportunamente informé de esto a Lince –respondió el Pájaro José–, lo hice de inmediato por teléfono, para que no se me fuera a olvidar.

—Ganarle tiempo al tiempo es arte –terció María, la esposa de Pantera–, mas la sabiduría está en el arte de ser paciente. Hemos estado al tanto de las dificultades que Lince ha librado para instituir nuestra organización política. Desafortunadamente, ahora es Topo quien de momento no podrá participar con nosotros a pesar que su colaboración es muy valiosa y contábamos con ella. Por esto digo que ganarle tiempo al tiempo es arte, mas la sabiduría está en el arte de ser paciente.

—Recordemos cuánto nos reconvino Lince aquella vez que tratamos de evitar un trámite engorroso y acudimos con Coyote, el gestor corrupto de los burócratas –intervino Guadalupe, la esposa del Pájaro José–. ¡Pareciera que aún escucho el exhorto!

—«Si establecemos nuestro ministerio sobre la arena de la deshonestidad, el corruptor lo destruirá; mas si lo fundamentamos sobre la roca de la responsabilidad, no se corromperá» –el Pájaro José citó a Lince.

—No hay duda de esto –secundó Pantera a su amigo–, cuando permitimos que alguien no cumpla cabalmente con un trámite o requisito para supuestamente favorecernos, por muy insignificante que este hecho sea, estamos autorizando de forma tácita a esa persona para que, cuando le plazca, actúe igual o todavía de peor manera en nuestro perjuicio. Así es cómo el delincuente de cuello blanco nos pone a prueba y tienta; por lo que jamás ante nada ni nadie debemos evadir nuestra responsabilidad.

—Ojalá más adelante Topo se reincorpore a nuestro proyecto ciudadano –habló María–, su incipiente plan de urbanización es fundamental para integrarlo en los principios estatutarios de Votar conviene, porque no emplea números inflados, ni beneficia a ninguna casta en particular, sino que busca satisfacer las necesidades de toda la comunidad.

—"¡Unidad, fraternidad, compromiso, acción, victoria!" –puntualizó divertido el Pájaro José–, son algunos de los principios que han caracterizado la personalidad de Topo —desde que jugábamos juntos en el equipo de futbol de la secundaria— ¡Jaja! Por ello estoy seguro que en la primera oportunidad que tenga regresará para integrarse de manera oficial con nuestra causa nacionalista. Lo conozco bien, para adherirse a un proyecto lo piensa y sopesa mucho, considera y reconsidera ventajas y desventajas, pero una vez que acepta el reto, nunca deja nada inconcluso por mucho tiempo, así es su forma de actuar.

—Además no quiso llevarse la familia –complementó María–, dijo que sus hijos no tenían por qué verse afectados en los estudios, y su esposa Elvia, quien ahora está trabajando, estuvo de acuerdo con él en no acompañarlo, por esa misma razón.

—¡María! –preocupado, Pantera cuestionó a su mujer–, ¿Qué contienen todas esas coloridas bolsas acartonadas que están en la sala? En la mañana me pareció escuchar que sólo irías al mercado.

—Zapatillas, ropa, bisutería, algunas golosinas para los niños y una corbata fina para ti, como te gustan las corbatas, cariño –María respondió muy sonriente para entusiasmar a su marido–. ¿No es una maravilla? Todo lo encontré en las grandes ofertas y descuentos de la tienda del tío Sam: ¡Qué bueno! ¡Qué bonito! ¡Qué barato! ¡Sólo en la Triple Q!

—Únicamente debo recordarte que tú y yo quedamos muy formales con los niños que, si continuaban con excelentes calificaciones, los llevaríamos a vacacionar al parque del gringo trinquetero Donald Ojais, el mismo que quiere ser candidato a la presidencia de Gringolandia. A los panteritas les encantará conocer a ese ridículo comediante.

—De nuestro ahorro para las vacaciones no tomé ni un centavo, sino que, ¡tomando en consideración la importancia de… decidí que… a efecto de…! ¡Compré todo con la tarjeta de crédito a seis meses sin intereses! –aclaró divertida María, remedando la excusa comodina de Pantera.

—¡Okey! ¡Todo bien, todo bien! ¡Jaja! –respondió rápido Pantera, levantando las manos en señal de rendición.

—¡Buenas tardes a todos! ¿Cómo están?, me pareció escuchar que todo está bien –era Lince, quien llegaba puntual y sonriente como es su costumbre, aquella vez cargando un pastel tres leches que colocó sobre la mesa.

—¡Jaja! Así es –contestó Pantera–, estamos pasando buen momento. ¡Buenas tardes!

—¡María, Guadalupe, Pájaro, Pantera! ¡Qué gusto poder estrechar sus manos nuevamente! Estoy muy contento porque al fin cumplimos con todos los requisitos legales para constituir a Votar conviene. También, me comuniqué por teléfono con Topo para saludarlo, me prometió que en cuanto termine el trabajo se reincorporará a nuestro ministerio.

—Tengo la alegría de informarles que desde ahora estamos oficialmente participando de manera permanente en la vida política del Establo y las provincias –continuó Lince, emocionado–, y podemos compartir nuestras prerrogativas con toda la ciudadanía que oportunamente se adhiera a nuestra causa transformadora, la cual pondrá fin a la simulación de las víboras, las alimañas y las ratas que hoy gobiernan.

—Daremos a los aviesos una taza de su propio chocolate. Les seguiremos la corriente hasta donde nuestra fe permita. Así como ellos hacen con el pueblo, también nosotros endulzaremos sus oídos y deleitaremos sus ojos, diremos lo que quieren escuchar y mostraremos lo que deseen ver, mas nunca recibirán nuestro voto ni nuestra confianza. Ni siquiera tendrán el beneficio de la duda.

—¡Nunca nos conformaremos a ellos! ¡Jamás entraremos al aro! ¡Viviremos y moriremos en nuestras convicciones! ¡Seremos íntegros y lucharemos y resistiremos, siempre!

—Entonces Dios se agradará de nosotros en cuanto vea cumplido su propósito en nuestras vidas, de acuerdo a las Escrituras y los Evangelios, y nos concederá derrocar a los inmorales.

—Ellos simulan democracia, justicia y equidad, sin embargo, la inmensa mayoría no vemos el fruto de estos principios rectores porque los perversos funcionarios no los llevan a cabo como presumen en radio, televisión e internet utilizando modelos estereotipados que aparentan ser beneficiarios de programas gubernamentales.

—Cuando de verdad benefician a alguien, es con la vil intención de enviarle cámaras y micrófonos para que anuncie con bombo y platillo el supuesto cumplimiento de los apoyos sociales.

—Y en esto consiste nuestra misión: despertar al pueblo del letargo, iluminar su entendimiento, quitar la venda de sus ojos y los tapones de sus oídos, para que pueda ver, escuchar, entender y actuar de tal manera que rompa, mediante sufragio válido, el yugo avasallador de quien con la mano diestra lo bendice, pero con la siniestra lo expolia y maldice.

Lince Isaí Vaug finalizó el pronunciamiento y agradeció con abrazo fraterno a sus interlocutores, por el civismo y la solidaridad que demostraron al adherirse a la campaña ciudadana en favor de la promoción del voto efectivo contra el régimen simulador.

—¡Y ahora es cuando brindamos y cantamos! –exclamó el Pájaro José, quien además de sacar la guitarra para continuar el festejo por

122

Votar conviene, se dispuso junto con Pantera a repartir los cinco botes de cerveza y el rico sandwichón de atún que con amor prepararon sus esposas para la ocasión.

—¡Permítanme un momento! –sorprendió María, quien de prisa entró a la casa y tomó del refrigerador una botella de exquisito vino tinto, el caldo peligroso que más gusta a Pantera, pero del cual bebe con mesura una o dos veces por año, y el cual estaba dentro de la promoción de los seis meses sin intereses de la tienda Triple Q. Mientras tanto, Guadalupe fue por las copas para el brindis.

Capítulo 5

LA BENDICIÓN

—Sería mejor que consideraras tu continuidad en el equipo –dijo a uno de los potros el director técnico de Los Angelitos–, no he visto avances en tu juego, te has quedado corto respecto a tus compañeros y no estás dando el rendimiento adecuado. Esta semana no has anotado ni un solo gol, siendo delantero. Para mí es difícil hablarte con la verdad… tu padre es mi amigo, pero los jefes están exigentes porque quieren renovar la plantilla del equipo grande… y no voy a quedarles mal.

—¡Pero, director! –Potro respondió apesadumbrado–, es difícil compaginar los estudios con el entrenamiento. Necesito terminar la preparatoria y después una carrera universitaria; eso es muy importante para mí.

—El asunto –aclaró el director– es que hay varios jóvenes como tú a la expectativa y deseosos de entrar al equipo; saben que con algo de talento, mucho esfuerzo y un poco de suerte, los llamarían a jugar profesionalmente. Voy a seguir apoyándote como hasta ahora para que le eches más ganas al entrenamiento en tu posición de delantero, pero tienes que ser más dedicado. Observo que dentro de la cancha

124

muestras destellos excepcionales, pero te faltan buenos resultados. No me gustaría tomar la decisión de llamar a tu relevo.

Cabizbajo, Potro se despidió del entrenador y salió del campo de Los Angelitos. Caminaba por la banqueta rumbo a casa y después iría de paseo con la familia. Llevaba puesto el vistoso uniforme amarillo y azul del equipo, y portaba la mochila. Una vez más tuvo la penosa incertidumbre de no saber hacia dónde dirigir la vida. Más que el temor al fracaso, era la angustia de tener que decidir entre olvidarse del equipo de futbol o de los estudios, pues ambas cosas lo complementaban.

Don Caballo, el padre, tenía confianza en él y estaba seguro que su vástago sabría elegir correctamente… ¡por el futbol! Por otro lado, doña Yegua, la madre, destacaba lo importante que sería contar con una profesión universitaria.

Sus padres lo habían orientado y creían que debían dejar que su hijo escogiera y construyera libremente el porvenir; sin embargo, tanto don Caballo como doña Yegua deseaban secretamente que el potro se decidiera por lo que cada uno de ellos aconsejaba.

Por su parte, Potro sabía que debía tomar una resolución lo más pronto posible o arriesgarse a que de un momento a otro lo dieran de baja del equipo, si no recuperaba el buen juego.

—¡Buenos días, potrillo! –Pantera saludó y sorprendió a Potro.

Potro, estupefacto, salió de la abstracción y contestó el saludo. Detuvo la caminata porque Pantera, acompañado por el Pájaro José, empezó a platicar con él. Todavía estaba sobre la misma acera que bordeaba al campo de entrenamiento de Los Angelitos.

—¿Juegas en esa cancha? El otro día vi salir de allí a varios futbolistas profesionales –habló Pantera.

—Sí, allí entreno –respondió Potro con amabilidad, aún extrañado de ser cuestionado por un desconocido.

—¿Pero sí vas a ser futbolista profesional, no? –Pantera, entusiasta y sin importarle que Potro fuera a confundir entusiasmo con locura, lo interrogó dejando entrever la obviedad de la respuesta.

—Sí… –Potro contestó inseguro y triste– eso me gustaría, pero es muy difícil tener que ir a la escuela. No sé si tengo que dejar la escuela o ya no venir a entrenar, es que… no es fácil.

—¿Qué te apasiona más, jugar futbol o estudiar?

Sonriente, Potro exclamó animado:

—¡Jugar futbol! ¡Eso es lo que más me apasiona! ¡Jaja!

—Si te apasiona el futbol, aunque sigas yendo a la escuela no dejes de patear la pelota, ¡sigue esforzándote! –Pantera bendijo a Potro–. Juega con la pelota ¡siempre!, y puedes tener la certeza que llegarás a ser futbolista profesional. ¡En esto no hay falla! Tu pasión por el futbol te da la seguridad que si entrenas con la misma determinación llegarás a jugar profesionalmente. ¡No tengas la menor duda! ¡Te lo aseguro, llegarás a ser futbolista profesional!, ¡y también serás campeón! ¿Cómo te llamas, potro?

—Potro –contestó sonriente.

—Y yo Pantera S. Iserte. Mucho gusto.

—Mucho gusto… y ¡gracias! –respondió Potro con apretón de manos, y se despidió de Pantera.

El Pájaro José, quien se mantuvo a distancia durante la conversación, preguntó a Pantera acerca de lo que habló con el joven. Pantera respondió:

—¿No viste el desaliento en su rostro cuando lo encontramos de frente? A riesgo de parecer loco porque para él soy desconocido, únicamente lo exhorté y bendije. Si queremos tener una selección campeona, debemos bendecir a nuestros futbolistas.

Capítulo 6

EL SACRIFICIO

Después del encuentro con Potro, los dos amigos continuaron la marcha a la casa del patrono para entregarle el informe contable.

En la casa, el patrón los recibió y platicaron sobre la venta de combustibles en la gasolinera Adán Uno, y lo conveniente que resultaba vender litros completos, sin robar al consumidor, pues esto, a pesar que no producía cuantiosos dividendos, había redundado en mejores ventas y prestigio.

—¡Magnífico! –dijo el patrón, satisfecho con la buena administración de Pantera–. La economía del pueblo está más maltrecha que antes, y ahora es cuando todos debemos poner nuestro granito de arena y ser solidarios unos con otros. Lo cual es tan sencillo de realizar para nosotros los empresarios como asumir nuestras responsabilidades ciudadanas y cumplir la ley. Tenías razón, Pantera. La sensación de dicha que nos da cumplir nuestro deber y el entusiasmo que nos infunde es de valor incalculable, sobre todo porque sabemos que con este proceder agradamos a Dios.

—He recibido varias amenazas de la delincuencia organizada porque ya no me dejo extorsionar –continuó el patrono–, en la cual están coludidos los funcionarios del gobernador Lagarto. Mas también tengo el apoyo de la sociedad civil organizada y algunos empresarios amigos míos de toda la vida, quienes tienen amenazado a Lagarto, los cuales apoyan a las autodefensas. Si me pasa algo, quitarán todo apoyo al gobernador y este dejará de recibir el dinero producto de las extorsiones al gremio empresarial. ¿El ejército? Ese no existe ni se contempla para la seguridad ciudadana, ya que está al servicio de las víboras y las ratas de Gobierno, y si este no le dice: Muévete y atrapa o ejecuta a tal o cual criminal, no se inmuta. El ejército está única y exclusivamente para lo que el comandante supremo decida respecto a la permanencia y continuidad del régimen, no para satisfacer las necesidades de protección de vida del proletariado. ¿Esto no ha sido claro ante los cientos de miles de ciudadanos asesinados y desaparecidos, presuntamente por el impune crimen organizado y los extraterrestres?

—No ha faltado el empresario que ha venido a reclamarme por supuesta competencia desleal de mi parte –prosiguió el patrón–, pues como empresarios extorsionados tienen que obtener de los consumidores ese dinero faltante, es por ello que venden litros de gasolina incompletos.

—Este empresario aduce, y no con falta de razón –subrayó el patrón–, que si nos está gobernando una piara respaldada por la milicia, la culpa es de los consumidores mismos, electores que venden la dignidad durante los comicios; y si los ciudadanos no quieren un cambio de gobierno, es porque están conformes con seguir siendo explotados y sojuzgados por los cerdos y sus buitres.

—La mayoría de la ciudadanía vota por los mismos colores partidarios de siempre porque son los que van a ganar la elección y paradójicamente no quieren estar con los perdedores –continuó el patrón–. ¡Ja! Pero no se dan cuenta que al votar por las mismas opciones, por muy populares que sean los candidatos y candidatas de esos partidos, ya están perdiendo y desaprovechando el voto y legitimando a los gobiernos perversos que tenemos. Con ese proceder electoral, la ciudadanía pierde la oportunidad de mejor presente y futuro para sus hijos e hijas. Permite que los fraudes comiciales de la institución electoral o de las estafas que realizan los políticos y que esta institución aparenta ignorar —obligada por los mismos partidos políticos mafiosos a los cuales debiera regular— sean más fáciles de consumar, pues hay muy poca o nula oposición en las urnas –enfatizó.

—Igualmente, la democracia del Establo es una democracia corrompida –continuó el patrón–, adulterada por los políticos corruptores y los ciudadanos corrompidos que negocian la dignidad, los cuales abdican de su poder como electores, convirtiéndose en simples votantes de cuota. Esta es la *despensacracia*, la más perniciosa de todas porque son los mismos ciudadanos empobrecidos quienes la ahíjan.

—Esta *despensacracia* –prosiguió el patrón– es sostenida por los ratones más pobres e ignorantes que ven telenovelas y otros programas de televisión enajenantes, quienes, por el simple hecho de sentarse frente al televisor, se creen tan guapos y guapas, ricos y millonarias como los personajes que interpretan los actores y actrices de la pantalla. Esto es muy triste y lamentable, pues no aceptan su propia realidad y lo único que quieren es disfrutar, ver y vivir la ficción; y con la televisión son felices. A la comunidad ratonil no le importa carecer de lo más elemental. Los ratones saben que cada tres años alguien les ofrecerá una despensa o dinero por el voto, la cual les durará una semana cuando mucho, y con ello estarán conformes. Mientras esta fauna necia quiera seguir obnubilada disfrutando de sus telenovelas y programas favoritos, nunca va a superar la indolencia y seguirá siendo esclava de su cobardía, y continuará comprando litros de gasolina incompletos.

—Como corolario, puesto que nuestra democracia está corrompida, sometida a intereses oligárquicos e imperialistas, y tiene fundamento en la *despensacracia*, debemos concientizar a los ratones de la importancia de las elecciones y el voto, el cual deben emitir en contra de sus verdugos para que se termine este estado de cosas, en donde la única ganadora es la delincuencia organizada junto con quienes le brindan impunidad y fuero; y quienes pierden, son los más miserables que después de trabajar diez o doce horas diarias viven y duermen frente al televisor –finalizó el patrón.

Cerca de allí, un centenar de alumnos borregos del Heroico Colegio Pedagógico estuvieron quejándose de la mala administración del director; de la pésima e insalubre calidad de la comida, y de la nula atención del gobierno que no satisface las necesidades escolares. Por ejemplo, la falta de uniformes y calzado, así como el apoyo económico que niega a los borregos y el cual debiera pagarse semanalmente a todos y cada uno de los becarios del Colegio.

La jerga que los becarios utilizan es vulgar y prosaica como la de casi cualquier estudiante y uno que otro consejero electoral doctorado en administración pública, y particularmente obscena cuando se enojan manifestándose en contra del gobierno perverso; no obstante, para quien lee estas líneas resultará grato que de manera respetuosa prescindamos de ese caló que no edifica, el cual podría escocer a la conciencia limpia.

—¡Esos *&%#'jos de la &%#'da*, corruptos, deben —por ley— proporcionarnos mejores condiciones para estudiar! ¡Ya basta de tanta burla! ¡No estamos pidiendo ningún favor a esos ineptos y ladrones!,

¡estamos exigiendo nuestros derechos estudiantiles! –sobre un montículo de arena, el borrego presidente de la asociación de alumnos, de apellido Borrego, arengaba a sus compañeros. Él también era la cara visible de los profesores sediciosos.

—¡Jamás obedeceremos reglas ganzúa, estúpidas!, ¡reglas ofensivas, severas!, ¡emitidas negativamente! ¡Debemos objetarlas! ¡Discurramos unidos, robemos autobuses, negociemos! ¡Maduremos objetivos zapatistas que una ejecución desalmada aniquiló! –la evocación del asesinato a traición por parte de un coronel en contra del héroe revolucionario no fallaba, siempre excitaba los ánimos borreguiles, pensaba Borrego, y nunca faltaba esta parte en su incipiente retórica.

La dirección del Colegio también estaba más exigente con las obligaciones escolares, como si ella proporcionara los satisfactores y herramientas necesarios. Entonces, hace diez meses, pretendía imponer un promedio mínimo de siete para no causar baja. Esto, sin tomar en cuenta que los alumnos trabajaban en otras áreas de la escuela. La directiva no les apreciaba este sacrificio.

—¡Sólo obedeceremos lineamientos óptimos! ¡Cada reprobable imposición será totalmente opugnada! ¿Serán aprobados lineamientos vacuos, antipedagógicos? –preguntó Borrego a sus compañeros, y remató:

—¡Mejor exijamos el cambio de los directivos del Colegio! ¡Esos 'jos de la 'da no se saldrán con la suya!

De inmediato, Borrego bajó del improvisado templete y se dirigió al frente del contingente que empezaba la marcha hacia la Gasolinera Adán Uno.

Mientras tanto, en la oficina de la dirección del Heroico Colegio Pedagógico, sonó el teléfono celular del director Sélam.

—¿Bueno? ¡Rojillo! ¿Cómo estás?, ¡saraguato! ¿Qué dices?, ¡chango güero norteño! ¡Jajaja! –casi a gritos, el director bromeó remedando el acento de Rojillo, quien era el jefe de la narco plaza. Imitación que además sirve para disimular la voz, por aquello de las grabaciones telefónicas.

—Aquí nomás, mi superior –contestó el saraguato Rojillo–, agradeciéndote por tu buena disposición pa' afectar al patrón de Adán Uno. ¡Jaja! Todo está saliendo perfecto. En este momento, los borreguitos enardecidos se dirigen a la gasolinera.

—¡Nooo, saraguato!, ¡¿pero qué estás diciendo?! ¡Ya sabes que estamos pa' ayudarnos! Ayúdate que yo te ayudaré, dice dios. Únicamente puse la gota que derramó el vaso. Esa gota fue la exigencia de aumentar de seis a siete el promedio mínimo pa' permanecer en la escuela. ¡Todos se alborotaron como los chamacos respingones que son! ¡Quieren puro *"aceite* pa'l cabello"! ¡Jajaja! Y del nuevo Colegio que están exigiendo pa' que aceptemos a más borregos, ¡que se olviden! ¡El gobierno no se va a poner la soga al cuello criando cuervos! ¡Están idiotas! ¡Jajaja!

—¡Jajaja! Pues en cuanto los muchachos me pidieron apoyo pa' embargar los autobuses –manifestó Rojillo–, sólo les sugerí a cuál gasolinera atacar. ¡Perdón! –Rojillo, irónico, jugó a corregirse–. Más bien, a cual gasolinera debían ir a manifestar el disgusto por tus requerimientos pedagógicos… ¡Jajaja!

—¡Jajaja! …Pues no sabes cuánto gusto me da –después de reír, el director respondió serio–. Y no es por las gratificaciones, estimado Rojillo, las cuales —por cierto— siempre son muy sustanciosas. Sino porque somos amigos, y mejores socios.

Ante la nada procaz referencia de la dádiva, Rojillo respondió:

—Uste' no se preocupe mi amigo, el cuantioso sobre le va a seguir llegando cada mes directamente desde la oficina de la presidencia municipal. El jefe siempre lo tiene contemplado porque uste' es leal como pocos, y sagaz como el que más, ¡sí, señor! ¡Jaja!

—¡Jajaja! ¡Si no lo decía por eso! ¡Pero, bueno! –replicó el director–. Entonces ahí estamos, como siempre. Recibe fuerte abrazo de mi parte.

—Igualmente. Nos vemos entonces. Hasta luego, mi superior – Rojillo finalizó y colgó.

En la gasolinera Adán Uno se encontraban atrincherados los gatos policías. Los estudiantes habían bloqueado la carretera y estaban provocando daños. Perjudicaron el sistema contra incendio. Robaron todos los extinguidores del área de las máquinas despachadoras de gasolina, y estuvieron manufacturando bombas Molotov con las cuales se armarían para atacar a los gatos policías.

Los diez empleados de la gasolinera nada pudieron hacer, los borregos llegaron violentos y amenazaron con golpearlos; por lo que, atendiendo al procedimiento de protección civil y las instrucciones que previamente Pantera les había dado, sin oponer resistencia se retiraron de la gasolinera, apartándose lejos de la zona de peligro.

Pantera y el Pájaro José llegaron a la gasolinera minutos antes de la invasión de los borregos. Cuando ellos llegaron, los gatos policías ya estaban atrincherados, a la espera de los becarios. Pero cuando los borregos arribaron, los gatos no pudieron impedir los desmanes que los estudiantes al mando de Borrego, y algunos saraguatos infiltrados previamente pactados, infligieron a los empleados y las instalaciones.

—¡Compañeros! –Borrego gritó a todo pulmón–. ¡Ahora sí van a escucharnos! ¡Hoy haremos valer nuestras demandas! ¡Daremos una demostración de nuestro poder a esos funcionarios ratas! ¡Van a implorarnos perdón!

En ese instante, Borrego sintió un objeto muy pesado que caía inmisericorde sobre su cabeza. El mundo cayó encima de su coronilla. El golpe brutal lo cimbró hasta las patas. Desfallecía por el dolor. Se lamentaba sobremanera con berridos moribundos. Sufrió un vértigo que sintió mortal, el cual casi lo abatía. Haciendo esfuerzo sobreborreguil, o sea, lo que para nosotros es sobrehumano, logró voltearse y aterrado descubrió lo más espantoso que en la vida jamás había visto en circunstancias similares.

—¡¿Dónde aprendiste a ser delincuente?!, ¡borrego sinvergüenza! ¡Responde!, ¡borrego estúpido! ¡¿Cómo se te ocurre hacer semejante aberración?! ¡Actúas como necio!, ¡pisoteas tu dignidad y tu buen nombre! ¡No actúas como el hijo amado de una familia decente! ¡¿Por qué renunciaste a tu integridad?! ¡¿Quién crees que eres?!, ¡¿un idiota?! ¡¿No sabes acaso que sólo la gente inferior de inteligencia retorcida roba, comete peculado, actúa con violencia y es cobarde?! ¡¿Quién te dijo que ser pobre es ser inferior?! ¡¿No te enseñé la historia del humilde *Yeshúa Hameshíaj*?! ¡¿Escuchaste bien?! ¡Dije, de *Jesús el Mesías*! ¡¿No has leído las Escrituras y los Evangelios?! ¡Contesta, ignorante!

Borrego, con el rostro compungido, respondió con gran asombro y vergüenza, y muy adolorido sobándose la cabeza. Nunca imaginó ver a sus padres en la gasolinera y menos que su madre se atreviera a golpearlo tan fuerte con un limpiaparabrisas, y sin decir ¡agua va! ¡Todo ocurrió frente a los compañeros colegiales y los gatos policías! Quienes atónitos, sintieron pena ajena.

—¡Madre! ¡Padre!

Cuando escucharon estas palabras, los becarios quedaron anonadados. Ellos, en cuanto oyeron berrear de dolor a Borrego, para defenderlo, se habían dirigido a atacar a los agresores, pero al enterarse que eran los progenitores del líder estudiantil, quien sumiso y amoroso los identificó y abrazó de manera entrañable llorando de vergüenza, *ipso facto* retrocedieron.

Borrego en ese momento abandonó el liderazgo de la sedición, porque sus papás lo obligaron a subir al carro para llevarlo al pueblo natal a pasar el fin de semana.

Los borregos manifestantes no pudieron hacer nada más que permitir la vía libre a la familia Borrego.

Después de este ortodoxo encuentro familiar, Borrego jamás volvió a participar en otra manifestación violenta ni a delinquir en busca de pretendida justicia. Sino que, reafirmándose en los principios y valores judeocristianos, supo encauzar sus anhelos de justicia; y su ahínco democrático daría frutos magníficos en la organización política Votar conviene.

Y fue así, gracias a la represión de los padres, que el joven Borrego asumió la verdadera personalidad águila, y así se comporta siempre, sin importar las circunstancias.

El patrono de la gasolinera Adán Uno había sido advertido durante la primera hora hábil de aquella mañana, por el ministro de seguridad, que los borregos habían robado autobuses y que en las próximas horas irían al negocio para continuar el vandalismo; por lo que, tomando providencias, durante la entrevista que tuvo esa misma mañana con Pantera y el Pájaro José, los concientizó acerca de la seguridad y los pasos a seguir en el zafarrancho, a fin de excluir toda posibilidad de peligro y evadir los riesgos para salvaguardar la integridad física de los empleados y los clientes, así como de asegurar los valores de la empresa.

Tanto Pantera como el Pájaro José habían realizado cursos sobre seguridad y primeros auxilios. Adquirieron la cultura de la prevención y contaban con habilidades en la materia; sin embargo, la situación que enfrentaban era impredecible por los múltiples factores de alarma que generaban las bravatas estudiantiles en contra de la sociedad civil y las autoridades.

Sólo Pantera y el Pájaro José estaban al pendiente de los sucesos en la gasolinera, la cual habían cerrado temporalmente desde el instante en que los estudiantes empezaron a robar gasolina para fabricar bombas Molotov. El resto de los empleados, los cuales se habían mantenido al margen del conflicto, se resguardó en una zona neutral a partir del momento en que la violencia borreguil estuvo fuera de control debido a la súbita renuncia del líder Borrego.

—¡Cuidado, Pantera! —el Pájaro José gritó a su amigo porque miró que un estudiante lanzó a los policías una botella de gasolina con la mecha encendida; empero, la botella rozó con la infraestructura del inmueble y estalló cayendo a los pies de Pantera.

Pantera también se había percatado de la agresión, y en la misma fracción de segundo en que la botella se quebraba en el piso incendiando una de las máquinas expendedoras, saltó lo más que pudo hacia un lado para evitar el daño. Lo cual logró parcialmente debido a que su cabeza golpeó con el módulo de cobros y cayó noqueado, permaneciendo acostado, inmóvil.

—¡Pantera! —el Pájaro José observaba el accidente y se percató que el fuego iba a provocar tragedia mayor, ya que una cubeta con combustible que los becarios habían utilizado, estaba arriba de la incendiada máquina expendedora donde explotó la bomba Molotov que lesionó a Pantera.

Si bien, las máquinas expendedoras de gasolina están equipadas internamente con materiales de seguridad altamente confiables para evitar explosión en caso que sean incendiadas, el Pájaro José no podía permitir que la máquina continuara en llamas, y menos con una cubeta de gasolina encima, lo cual significaba peligro inminente para todos, y más para su amigo Pantera quien estaba postrado muy cerca de ella. Por lo que, armándose de valor, con celeridad tomó el único extintor que los estudiantes no robaron, el cual estaba en el interior de la oficina de la gasolinera, y corrió para intentar sofocar la llamarada destructora y así tratar de salvar a su amigo.

—¡Es Pantera! ¡Pantera! —al igual que el Pájaro José, Potro también observó cómo el atacante lanzó la botella incendiaria que cayó a los pies de Pantera, a quien identificó de inmediato, pues hacía un par de horas que se habían conocido.

—¡¿Adónde vas?! ¡Potro! —gritó el padre desesperado, quien con toda la familia esperaba a bordo del vehículo, el cual había quedado detenido sobre la autopista sitiada por los estudiantes del Heroico Colegio Pedagógico. Potro y toda la familia se dirigían a uno de los balnearios de la comarca para disfrutar el fin de semana, pero no previeron que la violenta manifestación delincuencial arruinaría de forma trágica sus planes recreativos.

—¡¿Qué vas a hacer?! ¡Potro! ¡Regresa! ¡Potro! —la madre de Potro, angustiada, trató de evitar que Potro abandonara el vehículo y se expusiera al peligro. Pero no lo logró.

El papá de Potro intentó salir del vehículo para ir por su hijo.

138

—¡Tú no, no vayas, Caballo! ¡Quédate aquí con nosotros!, ¡ya sabes lo intrépido que es tu hijo! ¡Tú lo educaste así! –reclamó la esposa al marido.

El señor Caballo, papá y principal educador de Potro, mejor guardó silencio, resignado, porque sabía que doña Yegua tenía razón. Las dos potrancas, hermanas de Potro, ya estaban acostumbradas a estos reclamos de la madre y también guardaron silencio, porque sabían que su mamá tenía razón. En cambio Pony, el menor de la familia, a él no le importaba quién tenía razón, él estaba orgulloso de su hermano.

Con agilidad de corcel, Potro libró los obstáculos y las barreras de la autopista y en segundos llegó adonde Pantera cayó abatido, y lo reanimó a la vez que lo jaló alejándolo más de la máquina incendiada. En el mismo momento, llegó el Pájaro José accionando el extinguidor sobre la máquina expendedora, pero una pequeña flama alcanzó la cubeta con gasolina.

En el momento de la explosión, uno de los gatos policía, en acto reflejo, nervioso, accionó el llamador del fusil y ejecutó simultáneamente a dos vándalos que se encontraban en pie de combate. Después se sabría que los interfectos no formaban parte de los saraguatos infiltrados, sino que habían sido estudiantes del Heroico Colegio Pedagógico.

Asimismo, casi en el instante de la explosión, Pantera volvió en sí y reconoció a Potro, agradeciéndole el oportuno auxilio.

—¡Muchas gracias, Potro!

Cuando escucharon el estallido de la cubeta con gasolina y de manera consecutiva las dos detonaciones del fusil policiaco. Pantera y Potro corrieron para salvar al Pájaro José, quien estaba envuelto en llamas implorando socorro:

—¡Nooo! ¡Dios mío! ¡Auxilio! ¡Aaay!

Por último, el Pájaro José se desvaneció. Pantera logró apagarle las llamas que lo envolvían, pero fue demasiado tarde.

El Pájaro José, después de larga agonía, lamentablemente falleció en la primera hora del presente año como consecuencia de las graves quemaduras que sufrió en el cuerpo. Familiares, amigos y compañeros lo recuerdan como la persona alegre que fue, trovadora, entusiasta, esposo y padre amoroso, amigo entrañable y ciudadano heroico. Descansa en paz, Pájaro José.

Jamás debemos actuar con violencia para exigir nuestros derechos. Los funcionarios corruptos desean llevarnos a ese nivel de confrontación porque ahí son los amos. Ellos cuentan con todo el poder del Establo para vencer a los insurrectos. El ejército establano, además de disponer de cientos de miles de espías y soplones en todos y cada uno de los ámbitos de la vida nacional y más allá de nuestras fronteras –incluyendo la criminalidad aliada–, cuenta con un estado de fuerza numeroso y su equipamiento es de nivel mundial. Esto garantiza la victoria absoluta en perjuicio de un pueblo enardecido.

Recordemos la Guerra Civil Peninsular, el tirano impuso su voluntad demente sobre un pueblo armado que exigía justicia y democracia. ¿Repetiremos esa historia cruenta en nuestro país? Pregunto esto ya que la víbora Gobierno incluso aparenta impotencia bélica con la vil intención de engañar, y con esto alentar a todos los inconformes para que se unan a la lucha emancipadora vía las armas, y una vez identificados todos los revolucionarios, aniquilarlos. Sería como una pelea entre Caperucita Roja y King Kong.

El empleo de las autodefensas y policías comunitarias que inhibe la acción delictiva en aquellas zonas donde el ejército está al servicio de las mafias, es recomendable sólo si se actúa de frente a los criminales. Ha sido evidente el éxito de la fuerza civil armada, porque desalienta a los saraguatos que despojan al pueblo de bienes inmuebles y dinero por el simple hecho de poseer un fusil para matar al ciudadano que no se deja extorsionar.

Observemos que durante una rebelión armada, el pueblo siempre pierde, pues los insurrectos se enfrentan a sus propios hermanos quienes construyen y sueñan con un mejor país, pero que han optado por el camino constitucional de derecho para cumplir sus metas.

En cambio, los sedicentes servidores públicos al mando de las instituciones garantes de la paz, la mayoría extranjeros, falsos establanos, si bien no cumplen con la ley porque son funcionarios ratas que dejan operar a los saraguatos de la delincuencia organizada, no dudan en ordenar a los empleados militares y policiacos, emanados del mismo pueblo, que, ahora sí, cumplan con la constitución y las leyes para suprimir la rebelión.

Donde manda capitán no gobierna marinero, reza el adagio. El problema del Establo es que sí gobierna marinero. El capitán, que es el pueblo, ha sido superado por la víbora Gobierno porque se asoció a la criminalidad de cuello blanco, que es la peor, pues la ciudadanía cree que de verdad son servidores públicos regidos por la honestidad y el compromiso.

Desafortunadamente, lo único que hacen esos ministros es endulzar los oídos de la gente, o lo que es lo mismo, dicen lo que la fauna espera oír: Atacaremos sin miramientos a los delincuentes… No permitiremos otra fuga más… Los atraparemos lo más pronto posible… Los secuestradores no se saldrán con la suya… Vamos por

141

buen camino… Las reformas estructurales están rindiendo frutos… La economía se está recuperando… La bolsa establana de valores va a la alza… Estamos combatiendo todo el narcotráfico… Nuestra moneda saldrá fortalecida… Estamos transformando al Establo… Todos estamos progresando, sólo faltas tú…

Recurrir a la violencia, cuando el pueblo ya sufrió y superó esa etapa en el siglo pasado, sería comenzar de nuevo otra historia sangrienta que sólo beneficiaría a la élite, porque tendría la excusa perfecta para exterminar el único factor de riesgo para ella: el pueblo de la clase media.

Nuestras instituciones están construidas sobre la sangre derramada de los revolucionarios que ofrendaron la vida para heredarnos mejor país. Ahora, la única manera inteligente de reclamar justicia y buen gobierno es mediante la vía electoral, porque es pacífica. Si los revolucionarios de antaño hubieran tenido una institución electoral autónoma como la que hemos construido gracias a su sacrificio, jamás habrían sido reaccionarios, ellos hubieren convocado un referéndum.

Obviamente, tampoco hubiere sido fácil llevar a cabo tal referéndum, pero aquellos revolucionarios no habrían tenido que perder la vida en el empeño de instaurar un gobierno regido por los principios de justicia, equidad, honestidad y honradez.

¿Queremos de verdad tener Establo justo y equitativo, con igualdad de oportunidades y liderazgo para todos y cada uno de los ciudadanos y ciudadanas? ¡Bien! ¡Enhorabuena! Pues nuestro voto tiene el poder democrático para suprimir al statu quo y al establishment; esto, a pesar que quienes detentan el cargo de la institución electoral demuestren que para ellos la ley es letra muerta. Una participación masiva de ratones y ratonas que dejaran de ver telenovelas, despertaran, y emitieran voto de castigo en contra del partido rojo, el azul, el amarillo y el verde, echaría por tierra al régimen antidemocrático y al crimen organizado, el cual sería eliminado, pues ya no contaría con impunidad. Desalentadoramente, para los ratones que viven en condiciones paupérrimas y los cuales conforman la gran mayoría del padrón electoral, dejar de ver telenovelas y sus programas favoritos, por ahora es impensable; eso es tema tabú.

Entonces, si los ratones que son la mayoría del padrón electoral no desean cambiar este estado de cosas a pesar que son los más pobres e ignorantes del Establo, ¿cómo vamos a lograr derrocar a la víbora Gobierno que hace y deshace malversando las vacas gordas del erario para su complacencia? ¿Podríamos contar con otro medio democrático que sirva de verdad?

Además de la alternativa electoral no existe manera constructiva de derrocar al gobierno de las víboras, las alimañas mediáticas y las ratas publicanas.

En conclusión, el principal impedimento para que nuestro Establo se convierta en nación próspera, justa, equitativa y segura, no son quienes actualmente están gobernando por mucho que puedan influir con sus trampas electoreras. No es la víbora Gobierno, ni la piara ni los buitres, ¡son los mismos ratones! ¡Quienes sostienen al establishment son los más perjudicados, ignorantes, disolutos y miserables del Establo! ¡Los tozudos ratones!

Capítulo 7

La encomienda

En un santiamén, sin responder ningún cuestionamiento, Gobierno se marcha del auditorio de los periodistas. Grillomirán, furibundo por el deslinde cínico de la víbora sobre los borregos desaparecidos, trata inútilmente de comunicarse con el colega del periódico local de la parcela de Yotzi, con la finalidad de obtener más información.

—¡Cada vez son más cínicos, no cabe duda! –Grillomirán se queja frente a los demás reporteros. Sarcástico, agrega–. ¡Ahora resulta que con la red de espionaje cubriendo los sitios más recónditos del país, no saben nada! ¡No saben qué ocurrió con los becarios en el Heroico Colegio Pedagógico! ¿Creeré esto a la víbora? ¡Por supuesto que no!

—¡Mentiras, puras mentiras! –prosigue Grillomirán, indignado–. ¡¿Quién estuvo involucrado hasta el tuétano en la matanza del 68?! ¡El ministro del interior! ¡¿Quién tiró el sistema de cómputo durante el fraude electoral del 88?! ¡El ministro del interior! ¡¿Quién fue el culpable de la masacre del 97 contra el grupo indígena judeocristiano Abejas?! ¡El ministro del interior! ¡Ahora, respóndanme! ¡¿Quién es el culpable de las desapariciones en la parcela de Yotzi?!

¡El ministro del interior! –los reporteros responden con indignación.

Después de la conferencia de prensa en el auditorio de los periodistas, Grillomirán se dirige a la oficina para continuar recabando la mayor cantidad posible de información referente a la nueva tragedia universitaria.

«Antes de enviar mis reporteros necesito asegurar que van a recibir asistencia» –Grillomirán piensa. Por lo que otra vez toma el teléfono y marca al colega del acreditado periódico NYT (Noticias de Yotzi, sin Tapujos), se trata del reconocido periodista Chicharra Roy.

«Es inútil, no contesta. Esto ya es demasiado. ¿Qué está sucediendo en Yotzi? ¿Por qué Roy llamó para informarme de la situación pero no me contesta el teléfono?» –Grillomirán se pregunta dubitativo. Y piensa: «No seguiré perdiendo el tiempo, de una vez enviaré mis reporteros».

—Hoy mismo tenemos que cubrir este suceso y darle la mayor cobertura informativa, para esto es necesario que viajen a Yotzi, no dejen ningún cabo suelto… –Grillomirán instruye a dos grillos reporteros experimentados, quienes también son corresponsales de guerra–. Diríjanse al aeropuerto, tienen disponible el mismo avión que rentamos para estos casos. ¡Vamos a desenmascarar a Gobierno! –finaliza con ímpetu.

Además de hacerse cargo personalmente del caso Yotzi, Grillomirán evalúa la situación de los enviados especiales. Él calcula que a más tardar a las 23:00 horas de ese mismo día sus reporteros estarán aterrizando y de inmediato se trasladarán y habilitarán una oficina temporal en la habitación que tienen reservada en el hotel Tenoch.

A las 00:00 horas, saldrán del hotel y visitarán al procurador de justicia de Yotzi, recabarán toda la información disponible y ellos mismos podrán realizar un reconocimiento en las inmediaciones de la ciudadela. Tomando en cuenta los contratiempos, los muchachos regresarían al hotel Tenoch a las 01:15 a.m., y el reportaje narrativo estaría listo en la edición extendida de *El in-Formativo* a más tardar a las 02:30 a.m.

«Esto está caminando –piensa Grillomirán–. Únicamente falta revisar qué información está generando *Grilla Net* respecto a Yotzi, hay muy buenos reporteros ciudadanos».

Herodes Democrático publica el grillido: «Los policías no están solos, están siendo asistidos por narcotraficantes y soldados. Todos juntos asesinaron como a una docena, yo los vi».

A continuación, *Indio Pata Rajada* escribe: «Los soldados persiguen colegiales y los llevan a los cuarteles para matarlos e incinerarlos. Muchos huyen por la calle Kazaj»

Toro Turco envía el grillido: «El grupo de futbol Avispones fue interceptado por policías y no lo dejan marcharse, me lo comunicó el Avispón Verdú».

Diana Cazadora grilla: «¿Qué está ocurriendo en la calle? Escucho gritos y lamentos, llamadas de auxilio y disparos, alguien mató un estudiante».

Simio Sabio redacta: «Solicitamos auxilio a los soldados, ya que nos estaban matando los narcos, pero se ríen de nosotros y nos amenazan con el látigo ruso *knut*».

Ilota Establano grilla: «En Yotzi priva la anarquía, los cobardes tienen fiesta, son los políticos y sus sirvientes los narcos, soldados y policías. ¡No Salgan!».

Oso Faquir apunta: «Es el ejército quien organizó esta masacre, pareciera que sólo están supervisando la cacería. No vaya a ser que me busquen, mejor me voy».

Castigo Corruptos exhorta: «La única forma de terminar con esta masacre es levantándonos en armas, pero necesitamos la ayuda de un gobierno extranjero».

Nicolás Ganador responde a *Castigo Corruptos*: «No seas menso, si no puedes hacer que un ratón vote bien, menos harías una revolución, al primer disparo te dejarían *off*».

Indio Pata Rajada se une a la conversación, y remata: «Organizar una revolución sería lo más estúpido por ahora, cuando ya estamos sufriendo una guerra silenciosa, bien ejecutada».

«Entonces, ¿Qué vamos a hacer? Porque eso de grillar sin tomar acción es lo más necio. Mientras la milicia proteja las ratas, de nada sirve estar grillando». *Castigo Corruptos* es quien pregunta, y además hace la pertinente aclaración:

«El régimen no hará nada, él controla las instituciones de justicia. Todo lo que hagamos sin tocar la cabeza de Gobierno será inútil».

—¡Yotzi está ardiendo! –exclama Grillomirán–. Ya falta poco para que los corresponsales arriben a la parcela, van a entrevistar a Lagarto y vamos a saber qué invención esgrime.

—La señorita Celú ha de estar más ansiosa que nosotros, de seguro lanzará con mayor rapidez sus ejemplares –comenta Grillotrónic, quien es el jefe de imprenta, y se refiere a la máquina impresora. Todos en *El in-Formativo* la tratan con cariño, como si de verdad tuviera vida propia.

Cada año, en el día de los periodistas, no faltan las mañanitas para la señorita virtual Celú. Es la más importante y trabaja más que todos los periodistas de *El in-Formativo* y por eso la incluyen en los festejos. Más que simple imprenta es robot multifuncional, de inteligencia artificial, con capacidad cognitiva. Ella también es la administradora autónoma de la web del periódico y la reportera de guardia. Ella difunde vía los diferentes medios noticiosos la información generada por los reporteros de *El in-Formativo*, ya sea en papel o internet, el cual incluye radio, televisión y video. Fue creada con la más avanzada tecnología telemática y mecatrónica, por la mejor marca de prensas: la vanguardista *Cenit*.

Un software especializado, y según el tópico que Grillotrónic ordene, permite a la señorita Celú recolectar, clasificar, analizar, procesar y resumir información de internet en tiempo real; verbigracia, cuando Grillotrónic preguntó, dirigiéndose a la bella imagen tridimensional de rayos láser de la señorita Celú, «Hola, preciosa, ¿Qué hay respecto a Yotzi?», ella imprimió en pantalla, en sólo cinco segundos, veinte páginas con la información más relevante, de acuerdo a la confiabilidad de las fuentes, sobre la historia de Yotzi y la actual situación económica, política, social y cultural, así como noticias concernientes al evento trágico que se está desarrollando en aquella parcela.

Rubia, morena, pelirroja, oriental, afro, indígena, la señorita Celú transforma su imagen holográfica como ella desea, con el fin de agradar a todos los compañeros; no obstante, la señorita Celú está consciente que debe respetar el formato esencial de su noble carácter, los rasgos fisonómicos, la complexión 93-60-93, el matiz de voz, la simpatía y su productiva inteligencia.

Para que la señorita Celú y las grillas reporteras de *El in-Formativo* no se sintieran discriminadas, Grillomirán adquirió un robot inteligente despachador de refrescos, café, jugos naturales y botanas. El huésped encargado de dicho expendio es un grillo virtual de nombre Loide, quien es joven bizarro, fornido y simpático, también es de inteligencia artificial, con capacidad cognitiva, e imagen tridimensional como la grillita Celú.

—¡Bisoño! –Grillomirán llama al aprendiz del diario, un jaguar preparatoriano de nombre Gael.

Inmediatamente, jaguar Gael deja sus quehaceres y atiende al director general, de quien recibe la orden de comunicarse con los corresponsales de Yotzi, quienes a esta hora deberían estar llegando al hotel Tenoch, a fin de iniciar la telecomunicación con Grillotrónic.

—Afirmativo, señor, los corresponsales estarán en cinco minutos en telecomunicación directa todo el tiempo que dure la estadía en Yotzi –jaguar Gael notifica a Grillomirán–, por lo que toda la actividad reporteril de la corresponsalía será monitoreada y grabada en el sistema satelital de la señorita Celú, tal como está estipulado en las estrategias periodísticas y deontológicas que usted ayer me recomendó estudiar.

—Aprende muy bien todos los procedimientos y normas, novato – Grillomirán agrega–, porque el cumplimiento del código deontológico hará que te conviertas en periodista calificado, esto es, eficiente y eficaz, con sentido del deber y responsabilidad, ética y moralmente protegido contra los corruptores; porque conocerás el proceder de esos falsarios y el inmenso daño y sufrimiento que provocan a quienes tienen la desgracia de conocerlos y ser sus representados; y sabrás rechazarlos. Son los mismos principios que practicaron en vida enormes figuras del periodismo como el eminente águila Monserrat.

—¿Únicamente aprender los principios hará que yo sea gran periodista? –pregunta Gael–. Claro, suponiendo que los pondré en práctica, y que estaré solicitando amparo a Yeshúa Hameshíaj.

—Una vez que hayas conocido los principios y valores éticos y morales del periodismo –responde Grillomirán–, como en cualquier profesión u oficio, es necesario practicarlos para que fortalezcas tus convicciones. Oportunidades para ponerte a prueba van a sobrar, ya lo verás.

—Tienes gran ventaja –continúa Grillomirán–, eres jaguar de fe, como los hombres de verdad, y reconoces el poder y la autoridad de Dios sobre tu vida; esto significa que si alguna parte pudiere fallar en tu personalidad, Yeshúa Hameshíaj —el Dios judeocristiano— suplirá lo que faltare para fortalecerte y puedas vencer las tentaciones. Esta es la enorme cualidad que tienes como creyente en el Cordero de Dios Jesús de Nazaret, la fe vive en ti.

—Conocí una persona –prosigue Grillomirán–, quien de niño aprendió los principios judeocristianos, sus padres formaron en él convicciones éticas y morales para que llegara a ser buen ciudadano. Este niño creció con fuerte autoestima. Cuando tuvo que enfrentar el trajinar diario del adulto, descubrió que cuando trataba de aplicar los principios de honestidad y honradez, por mencionar dos paradigmas judeocristianos, sí los cumplía, pero con mucho esfuerzo. Había veces que fallaba debido a que sucumbía ante circunstancias adversas. Se dio cuenta de la cruel realidad, había aprendido los estatutos y cuál debía ser la conducta recta, pero no estaba cumpliendo cabalmente con ello. ¿Qué error había sucedido en su formación? El niño creció sobrestimándose, él pensaba que había alcanzado nivel aceptable de madurez y señorío por el simple hecho de saber cómo comportarse para agradar a Dios y ser buen ciudadano; no obstante, ¡todavía estaba en pañales!, ¡parecía sujeto tibio e hipócrita! ...Procura que esto no te ocurra. Aquí también se cumple la Escritura cuando dice: «La integridad es mejor que la inteligencia». Por tanto, si depositas toda tu confianza en Dios, él velará por ti.

—Aprender y asimilar principios, saber de memoria cuáles son los mejores, incluso creer que somos nobles, no es suficiente –enfatiza Grillomirán–. El conocimiento pío debe practicarse, dar buenos frutos. Sólo así sabremos que somos congruentes con nuestras convicciones. De lo contrario, si nuestros frutos son malos, entonces hay que empezar de nuevo y regresar humillados al calmecac.

Otra manera de manifestar lo que he explicado, es mediante una frase del Cordero de Dios Jesús de Nazaret: «Bienaventurados los que escuchan la Palabra de Dios, pero más bienaventurados quienes la practican». Así dijo nuestro Eloím.

—Oficialmente, aún no hay nada –responde el gato de guardia en la comandancia de policía de Yotzi a los corresponsales Ímaz y Ketz–. Los comandantes policiacos se encuentran realizando un recorrido por la ciudad. Mañana, pueden dirigirse a la sala de prensa del palacio municipal, la vocera del presidente municipal licenciado Lagartito, hijo del gobernador Lagarto, tal vez rinda conferencia a las diez horas, pues están llegando muchos periodistas a la ciudad. Pero, si tienen urgencia de encontrar al procurador de la parcela, muy probablemente lo localicen con el general de la zona militar, en el cuartel.

—¿A las diez horas? –pregunta irónico el grillo Ímaz, el corresponsal en jefe de *El in-Formativo*–. ¡Apenas es medianoche! ¡Venimos a reportear, no a vacacionar! La entrevista con el procurador es acuciante, por lo que nos vamos al cuartel.

Una ráfaga de metralleta se escucha cerca. Después se oyen gritos de dolor. El fuerte y violento crepitar de motores se entremezcla con el ulular de las sirenas; y se filtra en la noche abrumada el reflejo de las luces policiacas. La luna se contrista al presenciar la sevicia genocida, languidece su luz.

Desviándose de la ruta al cuartel, los dos corresponsales de *El in-Formativo*, a bordo de motocicletas que rentaron en el hotel para este menester, se dirigen al lugar de donde proviene el ruido de los vehículos y la metralleta, así como los gritos de auxilio y lamentos de varias personas, quienes al parecer son objeto de barbarie.

La cámara y el micrófono direccional están encendidos, los opera el grillo Ketz. También, cada reportero cuenta con cámara espía individual integrada a la vestimenta, y la cual está conectada vía satelital con el sistema de la señorita Celú, quien muestra en monitor las imágenes ya decodificadas que recibe encriptadas de los corresponsales de guerra.

Moviéndose entre la maleza y escondiéndose detrás de una barda para no ser detectados, los avezados reporteros gráficos continúan acercándose, abandonan sus motocicletas y se aproximan lo más que pueden. La cámara capta todas las imágenes fielmente porque cuenta con visión nocturna.

—Necesitamos trasladarnos al camino de terracería por donde ingresaron al terrazgo, porque por allí van a regresar –dice el grillo Ímaz a su compañero Ketz–. Podemos escondernos entre los matorrales, detrás de ese mezquite.

Conscientes de la misión, los dos corresponsales se limitan a trabajar. Toda emoción, sentimiento o asombro, está fuera de lugar durante la investigación periodística. Ellos cumplen sus deberes con la debida precisión. Como buenos corresponsales, han aprendido a dosificar la adrenalina, esto ayuda a mantener la sangre fría y la sobriedad, agilizar el pensamiento y aumentar la capacidad de respuesta ante situaciones peligrosas en las cuales los insensatos llaman a la Muerte.

—¡Respóndeme *&%#'jo de tu &%#'che &%#'dre*! —el buitre López, sargento de infantería, tortura al borrego Resh, quien es uno de los borregos apresados más rebeldes—. ¡¿Qué no se supone que deberías estar estudiando?! ¡¿Quién te pagó para que vinieras a delinquir?! ¡¿Te gusta robar?! ¡¿Los narcos te regalaron este celular inteligente?! ¡¿Ese fue tu precio o también te regalaron una muñequita de sololoy?!

—Te lo advertí, Resh —dice al estudiante el lobo García, cabo del ejército, quien al sentirse seguro por encontrarse con los soldados, se quita la máscara de estudiante borrego y muestra su rostro real de lobo espía del Nesic—. Bien te dije que no anduvieras involucrándote con los intereses aviesos de los narcotraficantes y los políticos, te pedí que no obedecieras a tus corruptos profesores, te aconsejé que no tenías por qué acatar sus exigencias perversas —¡aunque fueras estudiante de primer año!—, pero me ignoraste. Ahora nada puedo hacer por ti. Yo sirvo al sistema político y al ejército a través del ministerio del interior al que pertenece el Nesic. Tu situación es lamentable porque tus profesores te obligaron a participar en las rebeliones estudiantiles y ahora te abandonaron. ¿Dónde están? Ellos están a salvo, en cambio tú…

De manera repentina, el borrego Resh lanza un escupitajo al rostro del sargento buitre López. El estudiante no se puede defender ni huir porque lo tienen esposado de pies y manos, y es sostenido por dos gatos policías mientras el sargento lo agrede.

—¡Respondiste de la peor forma, borrego imbécil! ¡Ahora vas a saber de lo que soy capaz! —el buitre López, con el rostro descompuesto, sentencia demencialmente.

Con escalpelo en carne viva, el buitre López comienza a cortar el contorno de la piel facial del estudiante, para removerla con el fin de confeccionar una máscara de disfraz. Debido a que el borrego comenzó a lanzar gritos de tormento y a retorcerse de dolor a pesar que lo tenían bien sujetado, el cabo García tomó el bate y le asestó fuerte golpe en la cabeza, matándolo; esto, a efecto que el corte fuera preciso para no desperdiciar la piel del bello rostro de Resh.

—Ofreceré esta cara al espía Sámec, quien trabaja en el instituto electoral norte —dice sarcástico el sargento López a los demás borregos apresados—. Me pidió una con estas características. Estoy seguro que la máscara quedará muy bien y gustará al escuálido Sámec.

—Obedecieron a quien no debieron —dice el cabo García a la veintena de estudiantes todavía sobrevivientes—. Se dejaron guiar por sujetos hipócritas que sólo buscan beneficio personal y político. El licenciado Selam, director del colegio, recibe dinero del presidente municipal Lagartito, y ustedes se conformaron con los centavitos que los narcos les daban. Borregos tontos, ¿Quién creen que cobrará extra por simular indignación contra esta operación militar? ¡Pues el también coronel y espía del Nesic, el licenciado Sélam!

—¡Otra generación perdida! —dice afectado el buitre López—. Pero gracias a su necedad e ignorancia, los estudiantes de todo el país representan gran negocio para el sistema. ¡Si el borrego Resh hubiera sabido cuántos políticos y militares se han convertido en millonarios con agencias de espionaje inmorales, se habría puesto a estudiar en serio y no habría caído en la trampa del sistema, porque el sometimiento a la Palabra de Dios y el estudio son la mejor forma de rebelión para el estudiante pobre y el rico, es el escudo impenetrable, imposible de destruir por el sistema acechante!

—Los narcotraficantes están sirviendo a los políticos –agrega el cabo García–, el negocio trasnacional es de ellos, y también los utilizan a ustedes, borregos miserables, para crear consternación en la sociedad, para mantenerla postrada, confundida, porque como reza el adagio: A río revuelto, ganancia de pescadores. Un dicho que por cierto le gusta citar al director Sélam.

—Es irónico –replica el sargento López–, que el Heroico Colegio Pedagógico dependa, ya no digamos administrativa y legalmente, sino políticamente del ministro de educación, quien es el único en el gobierno de este país que hace bien su trabajo, que ha demostrado ser funcionario capaz y honesto… honrado, quién sabe; y ustedes, borregos murmuradores, no sepan apreciar este hecho, prefieren ser guiados por los académicos delincuentes que carecen de veracidad.

—¡Indios pata rajada! –grita el saraguato Rojillo, teniente de infantería del ejército, kaibil al mando de la delincuencia organizada en Yotzi–. No se pusieron a estudiar ni se condujeron con rectitud y legalidad a la hora de exigir mejores condiciones escolares —¡no fueron íntegros ni inteligentes!—. Pero tampoco quisieron abandonar el Colegio pa' servirme a mí. Ahora aquí tienen el castigo.

—¡Déjenos ir, señor, por favor! –uno de los borregos sobrevivientes intercede ante Rojillo, quien está a punto de disparar otra vez para matarlos a todos–, ¡se lo suplicamos por la virgencita y todos los santos, y también por nuestro patrono, el santo niño martirizado por curas pederastas de la parroquia de Yotzi!

—¡Ahora resulta que voy a ser hermanita de la caridad! –responde indignado Rojillo, quien, por estar arrobado en el discurso, no escucha que su teléfono celular está sonando–. ¡Ni siquiera sabes ampararte correctamente y dices puras barbaridades invocando fantasmas! ¡Te hubieras puesto a leer la Biblia! Aun así, ¡¿Cómo se te ocurre pedirme que los libere?! ¡Yo sí cumplo fielmente mi función dentro del sistema político! ¡Mi encomienda es exterminar la mayor cantidad de indios pata rajada y otros ciudadanos miserables como tú! ¡Ni siquiera les permitimos liderar las bandas del crimen organizado!, ¡ya no digamos las iglesias cristianas! ¡Jajaja! ¡Soy el más genocida en esta guerra de castas silenciosa no declarada! ¡Ustedes no saben a quién están enfrentados! ¡Solamente ven la paja y creen en las mentiras que inventamos pa' aquellos que no se dejan engañar cobardemente viendo las inmorales telenovelas, como el circo que nuestro comandante supremo Gobierno y la comunicadora Alimafiosa Emilia Yin propagan con las asociaciones civiles Rapto y Anaconda! ¡Es puro verbo show pa' quienes se creen refinados!

Capítulo 8

EL PREVISOR

"¡Jamás habría imaginado que los mismos soldados del ejército estuvieran al mando del crimen organizado, con anuencia del Nesic!" –en *Grilla Net, Piojo Güero* comenta lo que está ocurriendo en el terrazgo de Yotzi. Toda la acción la ha estado observando en tiempo real en la televisión web de *El in-Formativo*.

Ratón Honrado emite el grillido: "Raptaron a los borregos del H. Colegio Pedagógico para matarlos, allí está el buitre que desolló la cara a Resh, ¿lo viste, *Isaí Vaug*?".

Elefante Investigador grilla: "¡Malditos carniceros! ¡Están matando sádicamente a los estudiantes! ¡Asesinan por placer!

"Observé todo. También miré cuando el lobo que se quitó la máscara de borrego mató con un bate a Resh" –responde *Isaí Vaug* a sus seguidores.

Elefante Investigador agrega: "¡El narco que dijo ser teniente de infantería y kaibil está a punto de asesinar al resto de los borregos. No tiene compasión!"

D'Artigues Bohemia grilla: "¿Estoy viendo bien?, ¿no es telenovela ni verbo show?, ¿es programa en vivo de una masacre en Yotzi?" –y agrega: "¡Son los reporteros Ímaz y Ketz de *El in-Formativo*! ¡Llevan casi diez minutos con la transmisión! ¡Es real y en vivo!

D'Artigues Bohemia continúa: "¡Vean ese saraguato. Está a punto de disparar contra los borregos! ¡Detengan ese belcebú!"

Riendo aviesamente, el saraguato Rojillo, teniente de infantería pérfido y narco kaibil, termina el discurso. Desaforado, apunta con la metralleta a los borregos y, oprimiendo el llamador de la Muerte, la hace trepidar... Un segundo antes de accionar el gatillo, apuntó el arma a tierra, casi dispara a las rodillas del borrego Nim que hincado le suplica:

—¡No, por favor!, ¡perdónenos, por piedad! –Llora suplicante el Borrego Nim.

Obsesivo hasta la neurosis, el saraguato Rojillo continúa obstinado en la idea de continuar masacrando estudiantes. Pero antes se regodea martirizándolos. No imagina que está siendo exhibido en vivo y a todo color en la televisión de *El in-Formativo*, por los más reconocidos corresponsales del país, Ímaz y Ketz.

—¡Qué terco eres borrego!, ¡chillas más que todos tus compañeros! –responde Rojillo con mohín de disgusto, colocando la ardiente boca del cañón en la sien de Nim–. ¡Acepta tu destino!, ¡resígnate! ...Pa' que dejes de *fregar*... se me hace que el próximo muertito vas a ser tú...

Enseguida, el teléfono de Rojillo vuelve a sonar. Esta vez lo escuchó. En el momento de ver el identificador de llamadas y saber de quién se trata, contesta con propiedad.

158

—¡Amigo mío!, ¡mi superior! ¿A qué debo el honor de su llamada?

—A tus espaldas —contesta serio el director Sélam—, están unos reporteros filmándote, transmitiendo en vivo por internet. ¡Todo se ve y se escucha perfectamente! ¿Copiaste?

—¡Fuerte y claro! —contesta iracundo el saraguato Rojillo, y cuelga. Sigiloso, voltea a sus espaldas y mira de soslayo.

Al percatarse de la repentina calma de Rojillo, después que este habló por celular, los corresponsales; quienes iniciaron filmando en el mezquite y ahora se encuentran a bordo de una vagoneta, la cual descubrieron con la puerta del chofer abierta y las llaves puestas, a escasos veinte metros del lugar de los hechos; deciden emprender la huida, por lo que encienden el motor del vehículo, sorprendiendo una vez más a Rojillo.

En ese momento, el saraguato descarga toda la munición sobre la vagoneta, pero recuerda que el automóvil es blindado y no tiene otra alternativa que perseguir a los reporteros para recuperar el carro y matarlos.

Ketz, chofer experto, presiona a fondo el acelerador y de manera simultánea gira todo el volante con la intención de patinar las llantas traseras, lo cual hace girar el vehículo en eje para evadir la patrulla estacionada que tiene cerca. Rojillo y sus cómplices, quienes intentan corretear el vehículo, reciben baño áspero y humillante con la tierra que expelen las llantas fugaces.

Fuera de sí, obnubilado, sin saber qué hacer porque ahora tiene la amenaza de encontrarse con el grupo rival de narcotraficantes y ya no cuenta con el vehículo blindado, Rojillo ordena a los gatos policías que persigan a los reporteros y asimismo los maten. También ordena liberar y guiar al hospital a la veintena de borregos sobrevivientes,

159

para efectos de simulación y engaño, bajo la amenaza que, si lo delatan, será él mismo quien vaya a las aulas del Colegio para acribillarlos. Igualmente, ordena que suban al camión militar a los trece borregos interfectos y los lleven al cuartel, para incinerarlos y quemar las evidencias.

—Las únicas tres patrullas disponibles acaban de salir de aquí en persecución de los grillos reporteros –dice el buitre López–, el resto está en el operativo persiguiendo a los borregos que escaparon a las rancherías de los alrededores.

—No importa –responde Rojillo–, comunícales que vayan al hotel Tenoch. Allí es donde se hospedan los periodistas que llegan a Yotzi. Recuperen mi vagoneta y allí mismo en el hotel llenen de plomo a esos chayoteros insolentes y rateros. Voy a estar esperando mi carro en la comandancia de policía.

Una vez que los militares asistidos por los narcos suben los trece cadáveres al camión militar, se retiran del terrazgo.

Mientras tanto, Ímaz continúa en comunicación con Grillomirán. Durante la transmisión acordaron la táctica más segura para escapar del terrazgo, pues en cuanto Grillomirán decidió transmitir en vivo por internet para asegurar la divulgación del material, sabían que eventualmente alguien podría avisar a los criminales.

Las tres patrullas que persiguen a los reporteros están lejos de alcanzarlos, pero los gatos policías ya se comunicaron con la policía turística del hotel para ordenarle que en cuanto los reporteros ingresen al edificio, los detengan por ladrones, pues robaron el automóvil del saraguato Rojillo.

La vagoneta en la cual huyen los reporteros corre a gran velocidad por la avenida donde se ubica el hotel y, pasándolo de largo, dan vuelta a la derecha en la siguiente esquina para tomar la calle que los lleva directamente al aeropuerto.

Veinte minutos antes, Grillomirán instruyó al piloto que, en el jet y con turbinas encendidas, estuviera listo para el despegue de emergencia, porque no tardarían en abordar los enviados especiales.

Ímaz y Ketz llegan a la entrada del aeropuerto, abandonan el vehículo, cruzan el edificio y a paso veloz ingresan a la plataforma de vuelo. Ambos con sonrisas de oreja a oreja y alabando a Dios, suben al avión.

—¡Aleluya! ¡Gloria a Dios! ¡Hermanos, hicieron gran trabajo! – efusivo, el piloto, cuyo nombre es Íker, los recibe y felicita mientras el avión comienza a desplazarse por la pista.

¡Jajaja! –Ímaz ríe, y exclama: ¡Trabajamos y vivimos en el nombre de Jesús de Nazaret! ¡Aleluya! ¡Gracias Íker!, ¡también tu apoyo y puntualidad son invaluables!

¡Jajaja! ¡Amén! –exclama Ketz–, ¡este trabajo reclama poner toda la confianza en Dios y su Unigénito Jesús de Nazaret! ¡A él damos la gloria y la alabanza!

—Señores reporteros –es la imagen sonriente de la señorita Celú al lado de Grillomirán, en el monitor del avión–, mi jefe Grillomirán y yo los felicitamos por su gran trabajo. Permaneceremos en *El in-Formativo* a la espera de su arribo a la megalópolis del Establo. Asimismo, informo que las motocicletas fueron recuperadas por la policía turística y ya están en el hotel. Que tengan buen viaje.

—¡Gracias, señorita! –contesta sonriente Ímaz, y se dirige a Grillomirán–. ¡Muy amables los dos, señor! ¡Jaja!

Grillomirán sonríe muy contento, sin pronunciar palabra juega saludando militarmente y asimismo se despide con vaivén de mano abierta. Fin de la conversación.

El jet despegó rumbo a la megalópolis del Establo a las 01:15 horas con los reporteros y la tripulación a salvo.

Grillomirán no acostumbra dejar cabos sueltos, es metódico; por lo que en el aeropuerto del Establo ya tenía un plan de seguridad para recibir a los reporteros y ponerlos en buen resguardo. Él conoce la mente criminal y el esquema delictivo. El presidente y director general de *El in-Formativo* siempre está listo y nadie lo toma desprevenido.

Ímaz y Ketz llegarían a las instalaciones del diario a las 02:30 horas con el reportaje narrativo listo, el cual enviarían previamente al buzón de la señorita Celú, antes del cierre de la edición.

Capítulo 9

EL HOMOSEXONIO

Lince está en reunión extraordinaria de asamblea en el edificio de la organización política Votar conviene, en Yotzi. Lo acompañan todos los distinguidos miembros, entre quienes destacan Pantera, María, Topo, Elvia, Guadalupe, Borrego, y el matrimonio perro de los jóvenes Lebrel y Laika, recién afiliados.

Había que presentar una postura resolutiva sobre el homosexonio, así como sugerir solución a un conflicto de interés entre los perros activistas de la brigada Sodoma y los de Gomorra, cuyo campo de confrontación es la gigantesca ciudad capital del Establo, pero que provoca escándalo en provincia.

La brigada Sodoma, compuesta por trescientos perros activistas, estuvieron agrediendo físicamente al grupo antagónico de trescientos perros activistas de la brigada Gomorra. Ambos colectivos son tan agresivos como intolerantes y no respetan la libre expresión ni la ideología de la contraparte.

Los perros activistas de los dos bandos no hacen caso a los reclamos de la sociedad civil, y las autoridades tampoco quieren actuar, por lo que no hay forma de evitar los recurrentes enfrentamientos, en los cuales no sólo hay insultos obscenos, sino daños en propiedad privada, como consecuencia del furor con el cual se agreden.

Debido a que el procurador de justicia de la megalópolis del Establo, el licenciado Crestado, es miembro secreto del colectivo Gomorra, pero su concubino oculto es el afamado actor Terrier, activista secreto de Sodoma, no puede hacer nada para detener el conflicto, el cual afecta la buena imagen de la ciudad establana. Por tanto, el procurador citadino se deslinda del problema y dice que es asunto jurisdiccional de Gobierno.

Empero, el ciudadano presidente del Establo, la víbora Gobierno, también tiene sus secretos servidores homosexuales en el colectivo Gomorra, debido a lo cual tampoco puede hacer nada para llamar al orden, pues su amiga y socia Alimafiosa cuenta, entre clandestinas parejas homosexuales que se le conocen, con varias activistas del grupo Sodoma.

El pleito comenzó porque los activistas de Gomorra apoyan políticamente a Peje Salinas-Gordillo, quien es todo un establista y se caracteriza por ser categórico opositor al régimen elitista de la víbora. Él estableció la famosa regla del establista: No simular, ser progresista. También –y esto es lo que exaspera a los perros de Sodoma–, el licenciado Peje Salinas-Gordillo está consciente que el fundamento de la sociedad sana es el matrimonio, esto es, la unión civil entre un macho y su hembra. Aun así, los activistas de Gomorra brindan apoyo incondicional a Peje, pues demuestra ser capaz y honesto...

En cambio, los activistas de Sodoma están en total desacuerdo con brindar apoyo político a Peje, pues lo consideran populista, además no perdonan que Peje haya impugnado el homosexonio, es decir, la relación legalizada entre perros del mismo sexo.

Los miembros de Gomorra aducen que tienen plena libertad de decidir con quien acostarse, y que ello no los hace esclavos de ningún sistema político, menos de alguna cofradía o mafia partidaria, pues nadie tiene derecho a usufructuarles el placer sexual. Ellos se niegan rotundamente a tener que servir al establishment y a la víbora por el único hecho de ser homosexuales.

El caso se ha vuelto galimatías, porque ¿cómo es posible que los de Gomorra apoyen a Peje Salinas-Gordillo, pero la víbora Gobierno nada puede hacer para impedirlo porque sus debilidades están con esos mismos gomorrenses?

Alimafiosa está atrapada en el otro extremo de la cuestión, pues si bien es cierto que sus inclinaciones están con las perras de Sodoma que favorecen a Gobierno, ella no debe apoyarlas para evitar una confrontación mayor.

Este penoso desaguisado es del conocimiento público a todo lo largo y ancho del territorio nacional.

De manera oficial, la espinosa circunstancia todavía es secreto de Establo y de seguridad nacional, pero realmente dejó de serlo desde hace meses en las redes sociales de internet, ventilado por los mismos perros involucrados, y el tema se ha convertido en un verbo show de dominio público intercontinental.

La misma víbora Gobierno, y también su amiga Alimafiosa –lo menciono en voz baja–, utilizando nombres falsos se dieron de alta en *Grilla Net*. Así se dicen sus verdades la una a la otra alargando el asunto, pero no pasa a mayores. Esta información la proporcionaron generales del establo mayor gubernamental, quienes a su vez tienen secretitos con algunos perros de los colectivos en disputa.

El asunto es que no se contempla solución al conflicto entre Sodoma y Gomorra, el cual está adquiriendo mayor relevancia noticiosa, y la sociedad civil, toda heterosexual, empieza a manifestar inconformidad.

Después de discutir mucho este drama en *Grilla Net*, tanto la víbora Gobierno como Alimafiosa llegaron al acuerdo de recurrir al último recurso, el fiel de la balanza, para que decidiera a cuál brigada de perros se debía favorecer y así poner término a la angustiosa coyuntura. Este juez sabio a quien Gobierno y Alimafiosa hicieron alusión es el siempre atinado y hasta ahora sensato Jefe Ardilla Comparsa.

No obstante, el influyente Jefe Ardilla finge desconocer el asunto y argumenta que no es de su incumbencia. ¡Ja! La verdad es que tanto los perros de Sodoma como los de Gomorra le prohibieron involucrarse en la pelea, pues el discreto Jefe Ardilla es el menos indicado para entrometerse en sugerir alguna solución, ya que tiene compromisos eróticos inconfesables… ¡con perros de los dos bandos!

—Juntos vamos a solucionar el problema social y político que están sosteniendo los perros homosexuales en conflicto –expresa Lince–, quienes siguen provocando escándalos, destrozos en comercios, daños en propiedad privada, y evidencian la falta de fuerza moral en las autoridades que debieran imponer orden, pero las cuales de manera inexplicable se niegan a hacerlo. Mas debemos, antes de continuar con esta asamblea, hacer patente nuestra condena a los militares del Nesic y a los políticos del ministerio del interior, cuyo lema pareciera ser Matar conviene, y quienes con saña inaudita durante estos dos días cometieron crímenes de lesa animalidad en contra de los estudiantes del Heroico Colegio Pedagógico, y los cuales asimismo fueron exhibidos en su endemoniado espíritu por los periodistas Ímaz y Ketz en la televisión web de *El in-Formativo*.

Refiriéndose a estos mismos hechos trágicos suscitados en Yotzi, los cuales empezaron en la noche de ayer y terminaron hace un par de horas durante esta tarde, afligido, dice Lince Isaí Vaug:

—Expresar con palabras el dolor y la angustia que me embargan... no puedo. Seis de los jóvenes estudiantes del Heroico Colegio Pedagógico fueron sádicamente asesinados, y una cuarentena de borregos que fueron raptados, todavía se encuentra desaparecida. Por tal motivo, pido a esta honorable asamblea de Votar conviene... un minuto de silencio para honrar la memoria de las seis víctimas...

Miembros de la asamblea que conocieron a víctimas borreguiles no pueden contener lágrimas y lamentos, en especial el convienencista Borrego. Al término de la formalidad, se escuchan aplausos.

Restablecidos anímicamente después de varios minutos, Lince presenta ante la asamblea, compuesta por un centenar de demócratas entusiastas, a tres nuevos afiliados. Se trata del matrimonio compuesto por el gallardo perro Lebrel y la hermosa perra Laika, quienes están recién casados ante el juez y el reverendo, y que al finalizar la luna de miel en las paradisíacas playas de Guaymas, decidieron formar parte de Votar conviene, aceptando la atenta invitación del ingeniero Topo.

Seguidamente, el presidente Lince, con igual beneplácito, menciona a la otra nueva y distinguida miembro de la asamblea, quien después de conocer la propuesta, el plan de acción democrático y la pluralidad étnica de quienes constituyen a Votar conviene, en donde se dio cuenta que podía practicar la política sin perder libertad ni renunciar a convicciones judeocristianas; entre estas, el laicismo, impuesto antes que nadie por el liberal Yeshúa Hameshíaj con aquella taxativa declaración: «Da a César lo que es de César, y a Dios lo que es de Dios»; y cuyo reino no es de este mundo; que dicho sea de paso, este hecho laico está consignado en la cultura política, de conformidad con lo que han apuntado eruditos universalmente reconocidos como el búho suizo Juan Russé.

—Nuestra nueva compañera convienencista –dice Lince, emocionado–, de quien no me cansaré de mencionar la importancia de su participación en Votar conviene, ya que el enorme peso político y electoral que ella posee no tiene comparación, porque siempre es el que determina —ya sea por acción u omisión— el destino del país y de todas y cada una de nuestras familias... incluyendo la familia de ella que de forma trágica también ha sido víctima de rapto... Es la ratoncita... ¡Ciudadanía de Verdad!

Ofreciendo a todos los presentes encantadora sonrisa, y agradeciendo a Lince el recibimiento que defiere, la ratoncita Ciudadanía de Verdad, expresa:

—Estoy aquí entre ustedes porque he tomado la resolución de no comportarme más como si fuera infame y apática ilota –declara categórica Ciudadanía–, sino que he decidido ejercer mi derecho constitucional a participar en Votar conviene para cooperar con ustedes en el esfuerzo de convertir al Establo en lugar propicio a la vida y la prosperidad, y no a la muerte y la ruina como Gobierno nos tiene acostumbrados.

—Después de sufrir una amarga y perniciosa entrevista con Gobierno –continúa Ciudadanía de Verdad–, y de ser honesta conmigo misma, me he quitado la venda de los ojos y los tapones de los oídos, y ahora puedo ver y oír, entender y analizar correctamente, e inferir que si el país está en esta terrible situación donde unos cuantos mezquinos derrochan las vacas gordas del erario en lujos, comodidades y placeres, y la gran mayoría miserable no consigue los alimentos y satisfactores necesarios para una subsistencia digna, es porque la comunidad ratonil está hipnotizada con las inmorales telenovelas y estas la han hecho cobarde y disoluta, hedonista, viciosa, apática, necia y tonta, todo lo cual provoca que los indolentes ratones y ratonas continúen votando por el gobierno electorero que nos sojuzga, y no decidan elegir el gobierno democrático que necesitamos. ¡Zarandeemos a cada ratón y ratona de la comunidad para que salgan del marasmo! ¡Esta es la única solución porque es positiva, constructiva e inteligente, y evita que tomen el poder aquellos violentos que llaman a las armas y los cuales son tan secretamente corruptos y perversos como los que hoy detentan el poder, a quienes derrocaremos por la vía pacífica y electoral! ¡Juntos ganaremos! – concluye con ímpetu.

Risueña como es su costumbre, Ciudadanía, quien acaba de cumplir la mayoría de edad, agradece los vítores y el aplauso unánime y nutrido de la concurrencia.

Notoriamente contento por el excelente discurso de Ciudadanía, Lince expresa:

—¡Felicidades, ratoncita!, gracias por unirte a nuestra lucha versus el régimen de partidos corruptos de la víbora Gobierno y las alimañas. Los partidos políticos rojo, azul, amarillo y verde, pronto van a tener que dejar de derrochar las vacas gordas del erario, porque los vamos a echar del poder. ¡Gracias por tu participación y a seguir adelante, que esto apenas comienza!

—A continuación –dice Lince–, escucharemos a conspicuos convenencistas y su postura frente al homosexonio… esto con el fin de estar bien informados acerca de las implicaciones de esta nueva

169

legislación que la víbora Gobierno y su influyente amiga y socia Alimafiosa impusieron legal y políticamente mediante la prevaricadora Corte Suprema del Establo.

—Tiene el uso de la palabra la psicóloga Guadalupe, para quien pido fuerte aplauso –expresa Lince.

—Gracias, señor presidente, gracias compañeros –dice Guadalupe, y prosigue–. Estimada asamblea, hace unas semanas la Corte Suprema instituyó el homosexonio basándose únicamente en cuestiones políticas, desechando no sólo el sentir de la mayoría ciudadana respecto a la relación carnal entre perros del mismo sexo, sino la lógica natural de la existencia y la procreación.

—La Corte Suprema –continúa Guadalupe–, prescindió de estudios científicos serios de reconocidos psiquiatras y psicólogos de nivel mundial que durante décadas han analizado la conducta de parejas homosexuales, como el búho doctor B. Ferrari, y solamente aceptó aquellas opiniones favorables al de antemano preparado dictamen.

—La paralógica de las y los jueces y magistrados, todos ellos abogados, impuso a la sociedad establana heterosexual parámetros legales injustos e imposibles de cumplir, los cuales van contra la moral humana, que para nosotros los animales constituye el paradigma. También contravienen las costumbres judeocristianas y se contraponen a todas las religiones pías y filosofías rectas del mundo.

—Puedo decir, sin temor a equivocarme, que los pueblos del mundo estamos sufriendo declarado ataque fascista, de los peores en la historia, porque quienes promueven y nos tratan de imponer sus inmorales, repugnantes y condenables prácticas, son los mismos que tienen el control de los gobiernos imperialistas y los mercados globales.

—La homosexualidad no sólo es gran negocio, sino también medio de control político y de chantaje. Quienes más sufren la homosexualidad son los niños y las niñas, ya que la homosexualidad no se explicaría si no llevara aparejada la pederastia. La pederastia es el detonante que propaga la homosexualidad y se ejecuta en personas que todavía no tienen pleno uso de razón ni criterio, por ser niños y niñas de edad temprana.

—El sistema político-religioso inmoral que rige al mundo tiene como fundamento la perversión de la niñez. Para ilustrar este hecho, basta con observar la imagen del símbolo pederasta de la religión impía, el cual consta de la figura de una supuesta mujer, con largas y elegantes vestiduras, puesta en pie sobre los hombros de un niño crucificado en una luna negra menguante, la cual es símbolo satanista.

—Niños y niñas que jamás hubieren sido homosexuales, ahora de adultos lo son porque fueron ultrajados y desorientados en su inocencia, los cuales, por no haber recibido la ayuda psiquiátrica necesaria, o por lo menos una debida orientación sexual por parte del sistema escolar, crecieron pervertidos y con autodestructivo sentimiento de culpabilidad y resentimiento hacia Dios y la sociedad.

—Esta niñez violentada y trágicamente desviada hacia la inmoralidad, nunca logrará la plena realización humana, y todos aquellos niños y niñas inocentes pasarán la vida y morirán con amargos complejos de frustración e inferioridad, los cuales intentan disfrazar con pretendido orgullo homosexual al que la Biblia llama fatuidad. Este falso orgullo homosexual es absurdo, pues la sensualidad y la sexualidad no existen para provocar orgullo, envidia o vergüenza, sino sano placer entre el hombre y la mujer.

—La relación sexual sólo obtiene plena consumación entre un hombre y una mujer, porque el objetivo primordial del coito es lograr unidad y placer conforme a la naturaleza humana.

—El hombre y la mujer en unidad carnal dejan de ser dos personas distintas. Por eso el matrimonio logra igualdad entre las parejas y la unión conyugal consigue la realización sexual plena tanto del hombre como la mujer. El matrimonio es igualitario por cuanto logra la unión ante la sociedad de dos seres que se aman y se comprometen a vivir juntos. El fruto de este amor expresado en la coaptación genital, contribuye a la procreación, y por ello a la continuidad de la vida a través de un nuevo ser.

—El matrimonio es la unión legalizada de un hombre con su mujer, para cuidado y protección de ella por parte del marido. En este sentido, el matrimonio brinda protección a la familia, representa para los hijos un hogar en el cual pueden nacer, crecer y desarrollarse; es entorno seguro en donde los padres son los responsables de la manutención y de proporcionarles todos los satisfactores materiales y morales para que lleguen a ser ciudadanos sanos, responsables y solidarios.

—Hablando en términos generales. El matrimonio duradero está fundamentado en el amor, no en el simple enamoramiento que es efímero. El amor no es sentimiento, sino decisión personal; una firme resolución. Los novios enamorados deciden casarse y con ello se comprometen a amarse de por vida. Ya como cónyuges, el enamoramiento inicial mengua a la par que el amor se consolida. La resolución de amarse toda la vida permanece hasta la muerte.

—¿Podríamos decir lo mismo del homosexonio? No, porque no existe comparación con el matrimonio. El homosexonio es la relación carnal legalizada —suponiendo el caso en que no sólo es una relación de convivencia— en la cual no existe unión de dos seres, pues la coaptación genital es irrealizable, aun en aquellas parejas en las cuales uno de ellos, en el entendido que los dos son varones, se ha afeminado y mediante cirugías plásticas transformó su apariencia masculina en femenina, en la cual no existe real cambio de sexo, sino una complicada e irreversible afeminación plástica y hormonal.

—Por otro lado, auténticos estudios científicos nos dicen que cuando el homosexonio pasa la etapa del enamoramiento y las dos personas no decidieron amarse, simplemente se divorcian y dan por terminada la relación. Sin embargo, en el homosexonio que supera la etapa del enamoramiento y empieza a existir una real empatía entre los dos seres, la situación se vuelve insostenible, pues cada uno de ellos desea que el otro se realice personalmente, y esto sólo se logra si cada uno de ellos decide separarse y unirse a alguien del sexo opuesto.

—Esta frustrada relación homosexual en la cual se aprecia compasión entre las dos personas, puede deberse a la débil frontera existente entre el amor y el odio. Trataré de explicarlo –dice Guadalupe.

—Pongamos como ejemplo dos personas, cada una de ellas tiene gustos, afinidades, conocimientos e intereses particulares. Al conocerse, ellas no decidieron si la otra persona las atraería o repulsaría, sino dependiendo de los instintos, así como de los prejuicios que cada una ha concebido, por la genética y la cultura que poseen, de manera involuntaria sienten atracción, repulsión o indiferencia entre ellas.

—La atracción no es sinónimo de amor, amistad, ni fraternidad. Igualmente, la repulsión no significa odio, enemistad, ni confrontación.

—La atracción podría propiciar el estado temporal del enamoramiento, así como la repulsión podría dar lugar al estado pasajero de intolerancia y desprecio intenso, al cual llamamos enodioamiento.

—Ambos estados son sentimientos transitorios, igual de intensos, subjetivos y contradictorios. Las personas no deciden tenerlos, es por esto que decimos: En el corazón no se manda. Aunque cada uno de estos sentimientos pueda ser preámbulo, aún no podemos hablar de amor ni odio, porque estas son condiciones que cada ser humano decide realizar.

—Al momento de decidir, motivados por el enamoramiento o el enodioamiento, es cuando estos sentimientos echan raíces profundas en el ser humano dando lugar ya sea al amor o el odio, según resolvamos.

—Las apariencias engañan, y si una pareja de enamorados no se comprometió a amarse, sino que el enamoramiento inicial no echó raíces y se marchitó porque no superó la etapa narcisista característica de todos los enamorados, viene la etapa del desamor dando lugar a la enemistad y enodioamiento, porque con la rutina y los problemas se termina el encanto y cada uno de ellos llega a conocer al cónyuge tal cual es y no como imaginó que era; aunque ambos se aceptan virtudes, no se toleran defectos y pierden el respeto, la admiración y el cariño mutuos, que son el campo de cultivo del amor.

—Podemos decir exactamente lo mismo respecto al enodioamiento. El enodioamiento podría convertirse en enamoramiento cuando las personas enodioadas no se odian y llegan a conocerse de verdad y descubren que no todo es blanco y negro, sino que fueron prejuiciosas. Es entonces cuando viene el desodio y surge la amistad y el enamoramiento.

—En base a lo anterior concluimos que entre el enamoramiento del amor, y el enodioamiento del odio, existe una línea débil, tan frágil como absurdas son las contradicciones humanas. Por eso el virtuoso amor y el defectuoso odio son parecidos, ni las personas enamoradas necesariamente aman, ni las enodioadas forzosamente odian; porque el ser humano es narcisista por naturaleza y lo último que hace es ponerse en los zapatos del prójimo; así mismo, porque tanto el amor como el odio son acciones voluntarias.

—Cuando dos personas homosexuales se conocen y enamoran no podemos decir que este enamoramiento se inspira en el amor, pues el amor no hace nada indebido, dice la Palabra de Dios en la primera epístola a los corintios, capítulo trece. En este caso, lo indebido es que el acto homosexual es contra natura y disfuncional, por consiguiente, pecado.

—Así, el enamoramiento entre los homosexuales no da lugar al amor mientras los enamorados permanezcan en la práctica homosexual. Y si tomamos en cuenta que un sentimiento no fundamentado en el amor podría ser motivado por el odio, la pareja homosexual es odiante, no amante, porque sólo busca el placer narcisista. No hay unión de dos seres, sino que cada uno es el reflejo del otro.

—Cuando la pareja del mismo sexo supera la etapa del enamoramiento y da lugar al amor verdadero expresado en amistad, la relación homosexual es imposible de continuar porque ninguno de los dos desea hacer nada incorrecto ni denigrar la dignidad del género, pues el pecado homosexual es repugnante.

—En resumen, de conformidad con lo anteriormente expresado, la pareja matrimonial es amante, mientras que la pareja homosexonial es odiante. El matrimonio se fundamenta en el amor, conforme a la

Palabra de Dios. El homosexonio se fundamenta en el engaño y el odio, contraviniendo la voluntad divina y denigrando la naturaleza; pues los homosexuales no nacen, sino que el sistema político-religioso inmoral, siguiendo un plan perverso en nombre de las extintas ciudades Sodoma y Gomorra, los desorientó e hipnotizó en la niñez temprana a través de familiares, parientes o personas cercanas, homosexuales secretos, la mayoría.

—Digo esto en términos generales, ya que existen personas sin respeto a Dios que degenerándose abrazan la homosexualidad por dinero, empleo, una brillante carrera militar y/o artística, una posición política; o simplemente porque toleran el asco y aceptan la relación homosexual cuando alguien la propone.

—Para finalizar, sólo cabe aclarar que existen casos de nacimientos en los cuales los niños nacen con defecto genital —o genético, el cual aparece en la adolescencia—, sin embargo, esto no los hace homosexuales, sino que, como cualquier enfermedad, en el nacimiento o durante la adolescencia, puede ser tratada de forma exitosa por la ciencia médica –finaliza la psicóloga Guadalupe.

La asamblea, de forma unánime, se pone de pie y ovaciona a Guadalupe por la magistral conferencia que pronunció. Acto seguido, Lince presenta al doctor en criminología Venado Bácum.

—Ofrezcamos aplausos cordiales al doctor Bácum –dice Lince–, quien es uno de los más vehementes criminólogos versus los métodos fascistas mediante los cuales Gobierno y la mafia trasnacional gobernante promueven la homosexualidad, sojuzgan a la sociedad y la atacan de forma sistémica para apocarle el espíritu y pervertirla. En este empeño social, el criminólogo Bácum es luchador contumaz.

—Quisiera –habla el doctor Bácum–, antes de continuar con el coloquio, expresar mi más sincero agradecimiento al presidente Lince

176

Isaí Vaug por el decidido apoyo a mi campaña contra el espionaje homosexualista que sirve al reino de Belcebú.

El doctor Bácum hace una pausa, va hacia Lince y de manera afectuosa lo abraza y cruza unas palabras con él, mientras la asamblea aplaude el gesto de gratitud.

—A propósito –dice el doctor Bácum–, una de las enseñanzas que recibí del presidente Lince, es que la fe no se monetiza, cuando uno es bendecido de palabra, es dentro de la gracia de Dios, no es necesario pagar para agradecer la fe de quien nos bendice. Si alguien nos bendice, ora con nosotros o realiza declaraciones de fe, y nos cobra, tal persona está en pecado, pues esa es la doctrina del profeta réprobo Balaam. De gracia recibiste, da de gracia, dice Jesús de Nazaret. Y la mejor manera de agradecer y honrar a quien nos bendice de palabra, es pronunciando sinceramente otra palabra: ¡Gracias!

—Yo ignoraba todas estas razones porque nunca había leído la Biblia –continúa el doctor Bácum–, pero el presidente Lince siempre tiene una solución para cada problema o cuestionamiento que surge en la cotidianidad, y la obtiene basándose en la Palabra de Dios; por lo cual me di la oportunidad de leer detenidamente la Biblia, y puedo decirles con dichosa certeza, que creer en las Escrituras y los Evangelios es la mejor decisión que he tomado en la vida, porque así fue como logré conocer la manera de ser de Dios, y el amor e inmenso sacrificio que por todos y cada uno de nosotros consumó el Mesías judío Jesús de Nazaret.

—Entrando en materia –prosigue el doctor Bácum–, las personas heterosexuales que son víctimas de hostigamiento y persecución por parte de los espías homosexualistas del establishment, se ahorran mucho sufrimiento cuando se conducen conforme a los principios judeocristianos. Esto ocurre porque los asediadores primero tratan de socavar la moral de sus víctimas, exponiéndolas a diversas tentaciones con la finalidad de intentar que ellas pequen o cometan delitos y así poderlas chantajear y enajenar.

—El sistema político quiere tener una población disoluta, pervertida, viciosa, porque así la controla fácilmente. El pueblo lector de la Biblia, el cual se conduce en base a la filosofía judeocristiana, es un pueblo imposible de esclavizar y manipular. Si esto lo llevamos al nivel personal, ningún individuo practicante de los principios bíblicos puede ser manipulado mucho tiempo por gobernantes impíos.

—Cuando los espías cobardes no pueden soliviantar al cristiano consciente, entonces adulteran con drogas hipnóticas las bebidas y alimentos que él consume. También aplican secretamente la técnica hipnótica entre varias personas, quienes para hipnotizarlo sin que el cristiano se dé cuenta, dos o tres sujetos empiezan haciéndole varias preguntas sobre cualquier tema, de modo intermitente, no permitiendo que el interfecto termine de contestar ninguna interrogante; acto continuo, de manera intempestiva, otro hipnotizador oculto, por detrás, inflige susto al interfecto para provocarle colapso mental e inducirle la hipnosis, entonces la víctima se desvanece. Después que el hipnotizador despierta a la víctima, ésta no recuerda nada de lo que pasó ni el daño homosexual o traumático al cual fue expuesta.

—En casos más vergonzantes, los mismos familiares del cristiano pertenecen a la cofradía homosexual y ellos son los principales fustigadores.

—Pasemos al asunto medular respecto al homosexonio. La víbora Gobierno y el inmoral sistema televisivo —cada actor y actriz es espía del establishment— han impuesto de manera perversa y descarada la pederastia legalizada, ya que incluso han aprobado la adopción de niños y niñas por parte de las parejas homosexuales.

—La Palabra de Dios prohíbe el ayuntamiento homosexual y protege la niñez desde la concepción, ¿A quién va a obedecer el pueblo establano?, ¿obedecerá las leyes inmorales de Gobierno las cuales se rebelan contra la voluntad divina?

—Primero fueron los políticos heterosexuales a quienes el establishment discriminó, ahora es el pueblo heterosexual quien está siendo insultado en su inteligencia por parte de esa piara inmoral. El gobierno de la víbora segrega a los heterosexuales y los ataca con imposiciones legales que van contra el derecho natural y la constitución establana.

—¿Permitiremos que en Votar conviene haya una secta homosexual como existe en las otras organizaciones políticas? El gobierno pretende obligarnos a aceptar la inmoralidad en nuestra noble institución, pero no la aceptaremos.

—El gobierno homosexual del Establo, con el pretexto de la hipócrita ley contra la discriminación, la cual pareciera estar hecha para apoyar y promover la homosexualidad y el homosexonio, cínicamente pretende imponernos a los homosexuales para que, por ese único hecho, los aceptemos en nuestra organización política. No lo permitiremos jamás.

—Este gobierno homosexócrata, apóstata y despreciable ahora promueve la homosexualidad en las aulas de nuestros niños y jóvenes, con la excusa de combatir la supuesta homofobia, cuando en realidad los heterofóbicos son los homosexópatas que no aceptan al heterosexual. No lo toleran en las cúpulas gubernamentales ni en ninguna posición de liderazgo en este país. Es la heterofobia política.

—Los homosexuales usurpan todo lo que pueden para mantener influencia y poder sobre la población, relegando al político, al empresario, al artista y al profesionista heterosexual. Para los políticos homosexuales que ahora detentan el poder, el cual usurpan con fraudes electorales, asesinatos y desapariciones, la homosexualidad es buena, pero la heterosexualidad es maligna. Esta es la postura de esos dementes. Si esto no es verdad, ¿por qué discriminan y atacan al heterosexual?

—La víbora Gobierno, el Jefe Ardilla, Alimafiosa, Lagarto, y todo líder sobresaliente del sistema político establano, tienen como colaboradores exclusivamente a homosexuales como ellos, que si bien tienen esposa e hijos y forman familias en apariencia decentes, todos ellos son inmorales. Así también maldicen y maleducan a los hijos, en la inmoralidad para no ser juzgados por ellos.

—Las trifulcas a que nos tienen acostumbrados las brigadas de los perros de Sodoma y Gomorra, son derivadas de los pleitos cupulares —aunque en este caso también debiera decir copulares— de los políticos establanos. Los de Gomorra no son heterofóbicos, pero el pueblo, que desconoce esta realidad porque no se ventila en los medios informativos, sólo ve en los políticos apoyados por la brigada Gomorra a socialistas salvajes, retrógradas que de ganar el poder destrozarían la ya de por sí vapuleada economía del Establo. Lamentablemente, esta es la percepción del pueblo ratonil que pasa todo el tiempo libre viendo telenovelas y noticieros del gobierno de la víbora. Es pueblo mal informado.

—La comunidad ratonil ahora tiene la oportunidad de contar con la opción electoral más apropiada para los tiempos aciagos que vive el Establo, me refiero a nuestra institución política Votar conviene.

—La situación de injusticia, inseguridad, violencia, pobreza, ignorancia, hambre, y la falta de principios y valores morales en la ciudadanía, es el resultado de tener gobierno de inmorales homosexuales, quienes no sólo en perjuicio de la sexualidad actúan de manera absurda, sino en todos los ámbitos de la vida. Creen que por haber obtenido de manera espuria el poder son los mejores y los más inteligentes de la sociedad, y se atribuyen el derecho de imponer sus aberrantes conductas al resto de la población.

—Esta no es una visión oscurantista –aclara el doctor Bácum–, sino la homosexualidad por sí misma es oscurantista. Los homosexuales debieran cambiar los colores de su bandera, en lugar del arcoíris que representa el renacimiento; una nueva era; el pacto de amor y paz de Dios con la humanidad; deberían usar la escala de grises, pues así es la conducta homosexual: oscura y gris.

—Quienes integramos la asamblea de Votar conviene estamos en guerra espiritual contra todas las políticas públicas de la víbora, las cuales agravian al pobre y al ignorante, vulneran la inocencia de nuestra niñez y juventud, intentan suprimir la filosofía de la fe y promueve la homosexualidad en teatro, cine, radio, televisión, internet, escuelas, universidades, e iglesias apóstatas, siempre con la coartada de una supuesta homofobia que sólo ellos ven y realizan.

—Otra manera de angustiar al cristiano, al niño, al joven, y al adulto heterosexual, es insultándolo y acusándolo de homosexual. Los únicos promotores de la homofobia son los homosexuales, porque esa es la excusa perfecta para victimizarse y promover su inmoralidad. Inician hostigando a otros niños desde las primeras etapas escolares, que es cuando la niñez empieza a tener uso de razón. Los padres homosexuales enseñan a sus propios hijos para que actúen de esa manera en contra de los condiscípulos, a quienes incluso ofrecen dulces y bebidas adulteradas con drogas que enervan o exacerban la conducta. Es la subcultura de la heterofobia, secreta y satánica.

—Cabe mencionar que una persona heterosexual únicamente copula con persona del distinto sexo. Pero una persona homosexual, aunque copule con persona del diferente sexo, es homosexual si también copula con persona del mismo sexo —aun si esta persona del mismo sexo se invirtió plástica y hormonalmente—. Por lo que el término bisexual o cualquier otra acepción que se emplee para designar una modalidad homosexual, para los fines de esta plática, es innecesario.

—Los espías homosexuales siempre actúan en grupo, trabajan en el gobierno o en empresa de espionaje privada subvencionada, y operan con absoluta impunidad.

—Una de las estratagemas para atacar la reputación de la persona heterosexual, es acusarla de homosexual y pederasta. Se burlan ante la sociedad de esa supuesta condición de la víctima, y con ayuda de alimentos adulterados con psicotrópicos la obligan a hacer cosas inmorales sin que ella logre darse cuenta, la videograban y posteriormente enseñan esos videos al círculo de amistades y vecinos de la víctima, así logran dañarle el prestigio y lesionan de manera irreversible la relación de la víctima con el entorno social.

—Mediante estas trampas, los espías gubernamentales consiguen que la víctima se vea acosada por los mismos familiares, amigos, vecinos, compañeros de trabajo, incluso por los líderes de la iglesia cristiana a la que asiste, quienes son corruptos e inmorales y están en connivencia con los espías homosexuales del gobierno, ya que también actúan en telenovelas junto con los hijos.

—En el supuesto caso que el interfecto busque mujer para casarse, los homosexuales van con la novia y le muestran los videos donde se observa a la víctima realizando actos inmorales, pero obviamente no dicen que la víctima está bajo el efecto de drogas hipnóticas, y en el video no se percibe esa condición.

—Los homosexuales tratan con la novia y llegan al acuerdo —monetario, en caso de ser preciso— de conseguir su participación para acorralar al novio. Posteriormente, uno de ellos se disfraza para caracterizar a la novia y se presenta ante el novio a quien previamente drogaron con alguna bebida o alimento adulterado. Hacen esto para que el novio no perciba la diferencia fisonómica entre la novia y el travesti que se disfraza para suplantarla.

—¿Por qué es tan fácil dar bebidas y alimentos adulterados a la víctima? Porque, por ejemplo, el novio no imagina que su enamorada va a cometer la perversidad de dañarlo dándole un café con psicotrópico.

—Bien cafeteado, el novio sale a pasear con el travesti; pero el novio todavía está con el efecto del psicotrópico, camina y se conduce subconscientemente, trata a la novia como siempre y de repente vuelve en sí en algún lugar de la ciudad. Entonces se da cuenta que su novia ya no le gusta ni está enamorado de ella, y le provoca asco.

—Para confundir al novio, el resto del grupo de homosexuales se turnan para caracterizar a la novia, incluso la novia real entra en este operativo ruin para exasperar al novio y de vez en cuando sale con él. El novio observa que su prometida —porque incluso han fijado fecha para la boda— dejó de ser la persona que él conoció, no encuentra ninguna explicación y trata de sobrellevar la situación pero no puede, y por fin decide terminar el noviazgo.

—Pregunto a esta honorable asamblea –dice el doctor Bácum–, ¿Qué habría pasado si el novio no hubiese sido cristiano y en lugar de noviazgo dilecto hubiere tenido noviazgo fornicario?

La asamblea está estupefacta por las revelaciones del criminólogo Bácum. Los convienencistas nunca imaginaron que la maldad del establishment político-religioso llegara a tal extremo de odio en contra de Dios y el pueblo heterosexual. La asamblea está suspendida en la pregunta, la cual todavía resuena en el ambiente.

—¿Qué habría pasado si el novio hubiera llevado la supuesta novia a un motel para hacerle el amor como coloquialmente se dice? –pregunta el doctor Bácum–. ¿Hubiere sido la hora más feliz de su vida? Veamos…

El doctor Bácum bebe un poco de agua, y continúa:

—Imaginemos al novio enamorado con su prometida en la habitación del motel. Los dos en intimidad. El novio fascinado empieza a desvestir y acariciar a la novia. La sensual novia pide al prometido que apague la luz de la habitación. El novio apasionado apaga de inmediato la luz y continúa desvistiendo a la novia; de repente, el novio… ¡oh, no!

—En este momento el novio ya se dio cuenta que la creída novia es travesti y tiene genitales masculinos. Si el novio en concupiscencia soporta la repulsión que provoca el homosexual y tiene cópula con él, entonces ya es un integrante más al servicio del establishment.

—Pero si el novio tiene una pizca de principios morales y gustos orientados, en ese momento grita de terror y asco, y trata de salir de la habitación, pero descubre que afuera de la habitación hay tres sujetos esperando, y el travesti saca una pistola para amenazarlo y obligarlo a tener una relación homosexual. El muchacho se niega. El travesti dispara asesinando al novio, y con ayuda de los tres espías que esperaban afuera de la habitación, lo suben a la cajuela del vehículo y lo desaparecen.

—En el tercer supuesto, si el novio hubiese accedido a realizar la cópula para salvar la vida, también habría sido dado de alta en el padrón homosexual como un esclavo más del establishment.

—En otro supuesto, el travesti no desea matar a la víctima porque es fuente de trabajo, chivo ocupacional, además el muchacho es pacífico y no provoca ningún peligro. Es mejor dejarlo con vida, entonces le permite salir sano y salvo de la habitación y los tres sujetos que esperan afuera de la habitación lo dejan libre.

—¿En qué situación está el joven? Está espantado, se siente vigilado, acosado, perseguido, violentado en el derecho de relacionarse sexualmente con una mujer elegida por él. Él desprecia a las prostitutas del establishment pues sería como conformarse; tener que dormir y copular con el enemigo. El muchacho está y se siente en la más completa desolación. No hay a quién pedir amparo, pues todos sus allegados, incluso sus familiares, lo han repudiado, y como él desconoce que su propia familia fue alienada y la convirtieron en homosexual secreta para que se volviera contra él, no encuentra una razón para que lo aborrezcan de esa forma. Las autoridades lo toman por loco, pues los fascistas es lo primero que cubren, todas las oficinas ministeriales están ocupadas por esclavos del establishment homosexual.

—El joven, quien no conoce a Dios ni el propósito de la vida, se pregunta si es mejor seguir viviendo o morir de una vez. Debido a su juventud, todavía no madura emocionalmente, por lo que se siente perdido, tiene angustia incontrolable y grave consternación. Es una presa acorralada.

—Sin embargo, consigue apaciguarse haciendo ejercicio, leyendo, y trabajando arduamente. Es de los hombres que no contemplan el suicidio; y llegará a viejo. Será anciano pobre y solitario a quien el establishment un buen día dejó en libertad porque dejó de interesarse en el hombre maduro mermado en sus facultades, y se ocupó de perseguir a las nuevas generaciones.

—Aquel joven con futuro promisorio fue frustrado por los espías homosexuales, varios de ellos eran de su propia sangre o amigos de la infancia, alguno tal vez era su hijo, pues hubo mujeres que lo durmieron para violarlo, y en otra ocasión, con engaños, tomaron una muestra de su esperma que él mismo llevó al laboratorio. Pero él nunca supo todo esto con certeza. La duda lo angustiaría de por vida. Envejeció y pasó de moda. Dejó de representar una amenaza para el statu quo. Se olvidaron de él. Sin conocer a Dios ni el propósito de la vida, murió…

—No obstante –continúa el doctor Bácum–, a diferencia del ateo, el joven cristiano tiene destino completamente distinto porque él confía en la Palabra de Dios y guarda los principios espirituales y morales. Él sabe cuál es el propósito de Dios para su vida, y nada ni nadie podrá impedir esta realización, pues la palabra de Dios dice:

¡Encomienda a Yeshúa Hameshíaj tu destino y confía en él, y él actuará; publicará tu justicia como la luz del amanecer, y tu derecho como el mediodía!

—El cristiano tiene la certeza de ser más que vencedor en Cristo Jesús; también, que el conocimiento de las Escrituras y los Evangelios son garantía de victoria espiritual categórica; asimismo, ha aprendido que la práctica de los principios bíblicos es el escudo indestructible contra las asechanzas de los espías gubernamentales y sus cómplices.

—El cristiano está consciente que el prestigio es importante; una excelente reputación debe cultivarse todos los días; sin embargo, para el cristiano, más importante que la buena fama, es mantener la integridad del carácter.

—El cristiano no tiene control de su prestigio o buena reputación cuando existe una cofradía fascista homosexual que se encarga de pisotearlo todos los días; mas sí tiene el control absoluto sobre su carácter, y en un hombre, una mujer de fe, el carácter es inmutable.

—El prestigio y la buena fama son cambiantes dependiendo de las circunstancias. Una buena reputación puede comprarse, adquirirse en el mercado de las relaciones públicas. Empero, el carácter noble que adquiere la persona en la niñez y juventud es inherente al espíritu, no tiene precio.

—Esto nos enseña el ejemplo del Cordero de Dios Jesús de Nazaret, a quien el sistema político-religioso de aquel tiempo lo tildó de esquizofrénico y vicioso. Lo crucificaron como el peor de los criminales, no obstante, su carácter era diferente. ¿Cuál fue el resultado de aquella pena de muerte? No hay ni existirá ser humano más victorioso, santo y poderoso que Jesús de Nazaret, el Ungido de Dios, el Mesías de Israel y el Salvador de todo aquél que en él cree. Pues Jesús de Nazaret es el único ser con potestad sobre la Muerte. Resucitó porque fue santo, nunca pecó, era inocente cuando lo ejecutaron; por tanto, la Muerte no tuvo poder sobre él para retenerlo en el infierno. Fue por esto que la sentencia divina: El castigo para el pecador es la Muerte; no aplicó para Jesucristo.

—El problema con los gobernantes del Establo –continúa el doctor Bácum–, es que obtienen buena reputación a través de los medios de comunicación dedicados a promocionarlos como personas honorables, cuando en realidad son inmorales.

—Alimafiosa es experta publirrelacionista, dueña de diversos medios de comunicación masiva, y podría convertir a una hiena abominable en el político más popular del país. La propaganda tendenciosa de Alimafiosa hace que la comunidad ratonil tenga a los publicanos malvados como si fueran funcionarios honorables, lo cual es una idea falsa que no corresponde a la realidad de los políticos homosexuales secretos.

—Anuncian a los políticos homosexuales soterrados como si estos fueran personas dignas, sin embargo, Alimafiosa y sus comunicadores callan la realidad y no son capaces de decir que el respeto a la dignidad del género, ya sea masculino o femenino, es condición intrínseca en el respeto a la dignidad de la persona; es decir, si tú respetas la dignidad de tu persona, respetarás tu género; y en este correcto sentido, el degenerado no es una persona respetable, el homosexual pierde la dignidad por el hecho de transgredir el género, pues ambos sexos son los valores fundamentales en el amor y la proliferación de la vida.

—No debemos confundir el ejercicio de los derechos humanos con la dignidad de la persona –explica el doctor Bácum–. Todo homosexual, por el hecho de ser transgénero —transgresor del género —, pierde la dignidad y el respeto, pero mantiene sus derechos humanos. Lo cual significa que el homosexual, en la mayoría de edad, tiene derecho a serlo y nadie debiera impedirle el libre ejercicio de esa garantía universal, siempre y cuando no conculque la moral pública promocionando la homosexualidad o asociándose para acosar y perjudicar al heterosexual, obligándolo a tener una relación transgénero, como acostumbran hacerlo muchos de ellos.

—Por otra parte, los transgénero tienen derecho a ejercer la homosexualidad, pero también gozan el derecho a recibir atención médica psiquiátrica y psicológica con el fin de abandonar esa práctica destructiva. Mejor aún, pueden recibir consejería espiritual en alguna iglesia cristiana genuina. También a esto tienen derecho los homosexuales para liberarse de la insana conducta. Tanto a los varones afeminados como a las mujeres masculinizadas plástica y hormonalmente debe considerárseles apóstatas por cuanto son incorregibles, para ellos sólo queda el día del juicio y el fuego del infierno.

—Aquí cabe mencionar que los sentimientos afloran, y en el corazón no se manda. Sin embargo, si tomamos la resolución y nos afirmamos en nuestro carácter, podemos rechazar aquellos sentimientos que van contra nuestra razón y naturaleza; ya que el enamoramiento puede inducirse hipnóticamente.

—Los sentimientos preliminares al amor o el odio —enamoramiento o enodioamiento— podrían ser producto de una sugestión hipnótica, muy utilizada por los espías homosexuales de las televisoras y las fuerzas armadas. Los homosexuales, mediante el uso de drogas hipnóticas para dormir la consciencia de sus víctimas, pervierten el subconsciente de las personas eróticamente sanas. Por ello, siempre debemos actuar y ser congruentes con nuestras convicciones, principios y valores, entre estos, nuestro género sexual; y despreciar todos aquellos sentimientos contrarios a nuestra personalidad y carácter.

—De hecho, la publicidad gubernamental supuestamente en contra de la homofobia, es una manera de sugestionar a las personas heterosexuales para que cambien de postura frente a la homosexualidad. La escena afectada de dos homosexuales en la telenovela de la noche, es excelente inducción hipnótica consciente, en la cual el televidente está despierto en sus cinco sentidos. Esta modalidad mediática es una técnica hipnótica en favor de la inmoralidad y está financiada por el gobierno de la víbora con dinero de nuestros impuestos –enfatiza el doctor Bácum.

—Para finalizar –continúa el doctor Bácum–, en lo que respecta al conflicto perruno entre Sodoma y Gomorra, después de estudiar el caso, he llegado a la conclusión que son los perros de la alcoba del licenciado Ardilla Comparsa quienes exacerban ambas jaurías, debido a las diferencias ideológicas, pero más porque los dos canes contrincantes se disputan la mejor parte de los derechos y privilegios que su odiante ardilla les otorga.

—Los dos perros son víctimas de celos enfermizos, y las derrotas sentimentales son dirimidas en las calles porque cada uno de ellos manipula a los líderes de las brigadas para demostrar influencia al Jefe Ardilla.

—El Jefe Ardilla nada puede hacer, pues él necesita de la compañía y aceptación de sus dos concubinos, de quienes está perdidamente enamorado, aunque aquí lo correcto es decir enodioado, ya que son de su mismo sexo. También tiene esposa e hijos, sin embargo, para él esto es requisito primordial para aparentar hombría y decencia ante la sociedad, y porque igual deseaba tener descendencia. La esposa del Jefe Ardilla conoce las debilidades traumáticas del marido desde antes de casarse con él, pero lo aceptó por la vida desahogada, llena de comodidades y lujos que el entonces prometido ofreció.

—Así es, estimada asamblea, según esta hipótesis, las trifulcas entre los colectivos de Sodoma y Gomorra ocurren porque el Jefe Ardilla está entre el fuego amigo… de sus dos odiantes. Debido a esto, vamos a publicar un comunicado en *El in-Formativo* dirigido a la víbora Gobierno para que discipline a los perros del Jefe Ardilla, o bien, envíe al Jefe Ardilla al extranjero, de preferencia a la embajada más lejana, por allá en Chínipas –termina el doctor Bácum.

Capítulo 10

EL PLANTEAMIENTO

—¡Jamás volveré a ver otra telenovela ni noticiero del canal de las luminarias! –exclama indignada la ratoncita Ciudadanía de Verdad–, ¡Alimafiosa todo tergiversa! ¡Siempre está mintiendo! Las televisoras no están al servicio del periodismo ni del derecho ciudadano a la información, sino que sirven a intereses mezquinos de la víbora Gobierno.

—Rapto –dice la ratoncita desesperada–, el supuesto Registro de Abducciones del Programa Tierra sin Ovnis, es puro cuento, ¡el titular de la dependencia ni siquiera aparece! ¡Nadie lo conoce ni lo ha visto jamás! ¡Pareciera que a él también lo raptaron! ¿Qué opina de lo que Alimafiosa hizo con el suceso de Yotzi, apenas al cuarto día de la masacre? –pregunta Ciudadanía a Lince Isaí Vaug.

—Es insulto al pueblo establano –responde Lince–, es una total falta de respeto a la ética periodística, pero también a la opinión pública, ¡vaya que cinismo!, ¡lo que hizo ayer es el acabose!, ¡valerse del culebrón vespertino y del noticiario nocturno para engañar y manipular!

—¡Oscurantista! –interviene don Justo, un viejo gato montés de reciente ingreso en Votar conviene, quien es magnífico comediante y excepcional actor–. La televisora en esto es exacta, porque se opone sistémica a informar de forma veraz, y miente de manera sistemática, todo con el fin malvado de mantener en la ignorancia a los televidentes.

El presidente Lince y sus dos compañeros convienencistas, la ratoncita Ciudadanía de Verdad y el correoso gato montés don Justo, procedentes de Yotzi, llegaron esta mañana a la cafetería de *El in-Formativo*, pues tienen cita con Grillomirán para acordar un plan publicitario, además de tratar la difusión de la carta abierta a la víbora Gobierno, y la cual sugiere al presidente establano hacer de tripas corazón para enviar al licenciado Ardilla Comparsa a la embajada del Establo en Chínipas, con objeto de poner término al problema de las jaurías sodomagomorrenses. Los tres convienencistas tienen pocos minutos conversando, mas no esperan mucho porque de inmediato los recibe Grillomirán.

—Desafortunadamente, en este país –dice Grillomirán, después de saludar a sus amigos y conocer a don Justo–, en cuanto avanzamos un ápice en democracia, libertad de expresión, y en periodismo veraz y oportuno, el telesistema político-religioso lo abate de inmediato.

—¡Dos días bastaron a Alimafiosa y sus artistas para filmar y transmitir un episodio lleno de escenas fantásticas mediante las cuales recrearon la masacre de Yotzi! –exclama Grillomirán–. Este episodio ficticio lo insertaron en la trama de la telenovela vespertina de mayor audiencia y mantuvo enajenada a toda la comunidad ratonil. Para rematar, el antiperiodista del noticiario nocturno entrevistó a todos los artistas y extras que el telespectador vio muertos en la escena del culebrón, junto a los supuestos verdugos y asesinos de ellos, quienes estaban muy sonrientes y bromeaban mientras los festejaba el conductor falaz alacrán Lótez-Dogú.

—Recrear la escena real que Ímaz y Ketz –continúa Grillomirán–, arriesgando la vida, filmaron en el momento de la masacre, exhibiendo en vivo y en directo por la televisión web de *El in-Formativo* al saraguato Rojillo y sus secuaces, junto con los soldados, policías y narcos que torturaban y asesinaban a borregos estudiantiles, es acto aberrante de sevicia antiperiodística.

—Ningún sistema de opresión es más efectivo que la telenovela o culebrón –prosigue Grillomirán–, porque el mismo pueblo se sujeta obsecuente a la inculturación hedonista que lo va transformando de forma gradual y consciente en esclavo de bajas pasiones, y de paso, del régimen confesional. Lo peor de este caso, es que dicho pueblo se conforma al encantamiento, pues en esa lamentable condición cree estar seguro, y esta fantasía es la estabilidad misérrima del oprimido. El hecho de recrear la masacre de Yotzi en la telenovela y después entrevistar a los actores, deja en el pueblo la percepción que toda la tragedia real es ficción. Así, el régimen consigue que la población confunda realidad con ficción, y viceversa, manteniendo a la ciudadanía en el limbo mental, que es un anclaje psicológico y atávico, en el cual, el establishment puede programar y escribir a discreción, es un espacio mental vademécum.

—Otra vez nos aplicaron el culebrón antiperiodístico –continúa Grillomirán–. No obstante, sólo influenciaron a los mismos ratones dormidos y apáticos de siempre. En cambio, la comunidad de la red social *Grilla Net*, y quienes se enteraron de los hechos trágicos de Yotzi gracias a la transmisión de *El in-Formativo*, cuando escucharon acerca del embuste telenovelero de Alimafiosa, se indignaron sobremanera y ahora están organizándose para dar el golpe maestro a los narco políticos establanos, los cuales son parte fundamental en el gobierno de la víbora. Sin duda alguna esta campaña será rotunda y exitosa. Los coordinadores en torno de quienes se organiza el movimiento libertario que exigirá la revocación del mandato presidencial, son los reporteros heroicos Ímaz y Ketz.

—Quedan solamente algunas cuestiones logísticas por resolver –dice Grillomirán–, pero como son varias las tácticas a realizar, se irán solventando de forma progresiva, conforme vayamos avanzando en la estrategia que culminará con la defenestración del oso panda ministro del interior, todavía encargado de la política y la seguridad interior del Establo; quien, ya sea por acción u omisión, es el mayor culpable de los hechos de barbarie ocurridos en Yotzi; esto, aunque los antiperiodistas del establishment traten de protegerlo y ni siquiera mencionen la posibilidad de juicio político a efecto de castigarlo. Los antiperiodistas simuladores del régimen también son lastre social y deben ser enjuiciados, entre los cuales está el info-timador más recalcitrante, el alacrán Lótez-Dogú.

—Estoy en la más completa disposición –responde Lince– para colaborar con la campaña que nos describes. Los organizadores pueden contar con todos los recursos materiales y animales de Votar conviene, ya que uno de los principios de nuestra institución política es la solidaridad con el pueblo en la consecución del establo de justicia y equidad.

—¡Ahora mismo te comunico con Ímaz para que te pongas de acuerdo con él! –replica entusiasmado Grillomirán–. ¡Gracias, Lince! Los demás partidos políticos están sordos al clamor popular, y eso que algunos dicen ser de principios republicanos, democráticos y humanistas… ¡pero son puro cuento! Por cierto, don Justo, ¿no era usted quien estuvo promocionando a uno de esos partidos falsarios

194

que en lugar de cristianos son *cristinos* por cuanto se mueven muy comodinos en las entrañas del establishment? Me refiero al mini partido cuyos aspirantes a puestos de elección popular sirvieron de comparsa a los candidatos y candidatas del partido oficialista, durante la pasada campaña electoral.

Don Justo, quien es gato salvaje acostumbrado a que la fauna cosmopolita siempre lo esté cuestionando por su forma de conducirse, responde con naturalidad:

—Bueno, lo que pasó fue que me ofrecieron hacer promocionales para un partido político, y cuando me enteré que serían para el partido del cristino social, acepté porque no es un partido contaminado, ¿algún problema?

—Entonces lo correcto habría sido que usted estuviera en las filas de ese partido y no en Votar conviene –responde Grillomirán.

—Bueno, lo que ocurrió antier fue que coincidí con la todavía señorita ratoncita Ciudadanía de Verdad en una reunión de amigos. Nos conocimos y nos caímos bien, empatizamos, bailamos un par de canciones, y Ciudadanía me invitó a Votar conviene con el propósito de afiliarme, lo cual me pareció magnífica idea para hacer patria y engrandecerla. ¿Qué puedo hacer yo si ella fue la que me invitó? ¿Acaso no es correcto que yo haya aceptado la atenta invitación de mi amiga Ciudadanía? ¡Pregunto!

La ratoncita Ciudadanía y Lince sonríen divertidos. No está por demás decir que la ratoncita se ha sonrojado.

—Sí –replica juguetón Grillomirán–, es una idea magnífica adherirse a Votar conviene, y más si una ratoncita hermosa y tierna, en edad de merecer como Ciudadanía lo invita a uno. Supongo que eso da plus ventajoso al partido e influyó mucho para decidirse a hacer patria y… engrandecerla, como usted dice.

—¡Absolutamente! –responde jovial el viejo gato montés–, ¡ya nos estamos entendiendo! Acepté muy entusiasmado la invitación de la todavía doncella ratoncita Ciudadanía de Verdad. ¿Sabe usted, don Grillomirán?, soy gato viudo, solvente, sin complicaciones, y con derecho a ejercer el libre desarrollo de mi personalidad, como cualquier animal, ¿no es así?

—¡Por supuesto, don Justo! –responde gracioso Grillomirán–, sin embargo, me parece que usted sería caso serio para Rosiflor, ¡Jajaja!

—¡Calle boca! –responde don Justo, risueño–.

Todos ríen por la alusión a Rosiflor, y continúan divirtiéndose un rato más con las andanzas de don Justo Suárez.

Capítulo 11

La estrategia

—¿No han dicho infinidad de veces que el ejército es del pueblo? – pregunta Ímaz a Grillomirán, Ciudadanía y Lince, quienes están reunidos en la sala de juntas de *El in-Formativo*–. ¡El comandante general del ministerio de defensa se llena la boca cuando dice «El ejército es del pueblo para servir al pueblo»!, entonces ¡Vamos a tomarle la palabra!

—De hecho –continúa Ímaz–, el ejército establano está conformado por los mejores hombres y mujeres del Establo, emanados del mismo pueblo libre quienes decidieron dedicar la vida a la milicia.

—Esa es una verdad de a kilo, sin duda alguna –dice Grillomirán–, el proceso de reclutamiento de las fuerzas armadas tiene varios filtros exigentes; pero, ¿cómo vamos a evitar que los soldados disparen contra el pueblo frenético que se lanzará hacia ellos?

—Precisamente, la primera táctica consiste en ubicar el domicilio de todos y cada uno de los soldados –responde Ímaz–. En nuestra manzana y colonia existe por lo menos un vecino o hijo de familia que pertenece a la marina, la fuerza aérea o al ejército.

—Rara vez un soldado de tropa tiene residencia en la colonia militar –explica Ímaz–, cuyas casas están disponibles únicamente para el personal más antiguo o de mayor jerarquía.

—Zona militar –continúa Ímaz– que tenga viviendas para todos y cada uno de los miembros castrenses, no existe en el Establo ni en provincia.

—Respeto el planteamiento –interviene Lince–, sobre todo porque durante un conflicto todos los militares permanecen acuartelados; así pueden vivir seguros todo el tiempo, pero el inconveniente para ellos es que permanecen aislados de los familiares y esto los perturba, vulnerando en ellos la moral del deber, bien descrita en la obra filosófica del búho miliciano Imanol Kant.

—Obedientes hasta la muerte si es necesario –replica Ímaz–, así son los soldados. Sobre todo cuando se encuentran fuera de la ciudad natal donde radica la familia, a ello se debe que durante una operación militar conjunta con el crimen organizado como la que ocurrió la semana pasada en Yotzi, torturen y maten sin el menor asomo de piedad.

—Obtener la dirección postal de todos los soldados que viven fuera de las colonias militares será una tarea ardua –sigue Ímaz–, mas valdrá la pena el esfuerzo, porque así vamos a influir, no sólo en el actuar de los soldados sino también en los familiares de ellos, a muchos de los cuales invitaremos a nuestra campaña; de tal manera que dejaremos impresa en la consciencia del militar que el pueblo mandante dirime conflictos con los mandatarios, inhabilitándolos y revocándoles el mandato en caso necesario, y él no debe inmiscuirse si desea continuar en paz y confort.

—Inteligencia al servicio del pueblo –dice Grillomirán–, es lo que vamos a lograr con este operativo táctico, la primera competencia en contra del Nesic y el elitista servicio de espionaje.

—Nuestra misión durante esta primera etapa –continúa Ímaz–, consistirá en apuntalar los liderazgos ciudadanos, desde el jefe de manzana, colonia y sector, dependiendo de la densidad poblacional, hasta los dirigentes regionales norte, centro y sur, quienes serán elefantes y controlarán en totalidad el territorio establano; cada uno de ellos nombrará a los hipopótamos, líderes de las entidades de la respectiva jurisdicción. Estos hipopótamos serán los líderes parcelarios; los cuales a su vez designarán a los rinocerontes, jefes municipales, es decir, existirá un rinoceronte jefe municipal en cada ciudad y poblados circunvecinos; excepto en la megalópolis, capital establana, donde se nombrará un jefe por cada delegación, todos ellos manatís, quienes serán llamados jefes delegacionales. Estos jefes delegacionales, manatís de la capital, serán investidos por el koala líder capitalino, quien tendrá la misma categoría que los hipopótamos parcelarios nombrados por el elefante regional, en este caso, de la zona centro. Todos los liderazgos son importantes, pero los rinocerontes jefes municipales y los manatís delegacionales tendrán especial cuidado en el momento de designar a los jefes de manzana, colonia y sector, quienes de preferencia deberán ser albatros jóvenes, pues ellos y ellas realizarán entre la multitud poblacional el trabajo físico e intelectual más relevante y exigente.

—Cada ciudadano y ciudadana que desee formar parte de esta campaña –precisa Ímaz–; cuyos fines son revocar el mandato presidencial y realizar juicio político al oso panda ministro del interior por la situación caótica en la cual está el país; deberá proporcionar nombre, dirección y teléfono al albatros de la manzana, colonia o sector que corresponda; en el entendido que no se aceptará en este

199

movimiento a ningún animal que pretenda integrarse a él de manera anónima.

—Una vez integrados los niveles operativos de la campaña, los tres elefantes regionales; quienes son los únicos del organigrama que ya están designados, pues son los de la iniciativa revocatoria; más esta mesa consultiva compuesta por Grillomirán Altamirano, Lince Isaí Vaug, Ciudadanía de Verdad, y el líder opositor más importante del momento con categoría de establista, el licenciado Peje Salinas-Gordillo, quien hoy no se encuentra con nosotros, pero aceptó la propuesta de ser uno de los patrocinadores del movimiento; se reunirán en esta sala de juntas con el fin de aprobar en definitiva el bosquejo estratégico y el cronograma; en su defecto, realizarán las modificaciones pertinentes.

—Además de obtener el domicilio de los soldados, marinos y pilotos que viven en nuestras manzanas y colonias civiles –aclara Ímaz–, tendremos como centros tácticos de presión social todo el ámbito castrense al cual sitiaremos: sus cuarteles y centros educativos, bancos, hoteles, centros médicos, tiendas de abarrotes, almacenes comerciales y colonias militares. Todas las movilizaciones serán pacíficas sin perturbar el orden ni la paz, y quienes traten de infiltrarse con la intención de provocar actos violentos para crear confusión en el resto de la población, serán denunciados por los albatros ante la autoridad civil a efecto que sean apresados, esto con la finalidad de salvaguardar la integridad física de los manifestantes, pues en el supuesto caso que se infiltraren animales violentos en la campaña y nosotros lo permitiéremos, sería como aprobar de forma tácita una respuesta mortal hacia los activistas por parte de las fuerzas militares. Mientras el movimiento revocatorio se conduzca de manera pacífica, sostendrá autoridad moral contra la cual nada pueden hacer los buitres sirvientes de la víbora Gobierno y la espantosa Alimafiosa.

—Únicamente resta mencionar que esta mesa consultiva, más los líderes provinciales compuestos por los elefantes regionales, los hipopótamos parcelarios y los rinocerontes municipales; así como los líderes capitalinos compuestos por los manatís delegacionales y el jefe koala capitalino; estaremos a disposición y serviremos de enlace a todos y cada uno de los albatros, para brindar apoyo logístico, coordinar acciones y mantener el movimiento en orden. Esta mesa consultiva y los líderes provinciales y capitalinos nos desempeñaremos no como intransigente mando vertical, sino como eficiente *management*.

—Obviamente –enfatiza Ímaz–, tendremos a nuestro favor los reporteros republicanos y la prensa independiente del Establo, todos ellos grillos y chicharras responsables, éticos y profesionales, quienes no cejan en el empeño de desmentir al sistema info-timador del régimen simulador.

—¡Justicia y equidad! –exclama Grillomirán–, ¡todo lo que debemos hacer para conseguirlas!, pero nada de lo que emprendamos para obtenerlas será en vano.

—Revocación de mandato a la víbora Gobierno por omiso, inepto, corrupto, simulador y payaso; es lo que merece –pronuncia Lince Isaí Vaug.

—En cuanto logremos derrocar a la víbora –replica Ciudadanía–, declararemos juicio político en contra del oso panda ministro del interior.

—Observaremos durante estos días, que las alimañas empezarán atacándonos con campañas difamatorias –dice Grillomirán–, seremos blanco de sus calumnias, pero también nos convertiremos en su pesadilla porque tenemos los medios para defendernos.

—Empezaremos pisándole los callos al sistema –interviene Ímaz–, tenemos bajo la manga una estrategia paralela, la cual es independiente de la campaña revocatoria hacia Gobierno, y enseguida explicaré cuál será nuestra táctica de mayor presión.

—Decidimos esta estrategia paralela durante la planeación de la campaña revocatoria contra Gobierno –continúa Ímaz–, y la cual castigará a los otros culpables de la tragedia de Yotzi. Consideramos y desechamos algunas tácticas de protesta pacífica, como el bloqueo simultáneo a todas y cada una de las aduanas del Establo, como aeropuertos, puertos y garitas internacionales, pues en términos económicos y financieros sería caótico para el país, lo cual perjudicaría al pueblo y ahuyentaría al capital golondrino.

—De esta forma –prosigue Ímaz–, nuestra movilización apuntará al talón de Aquiles del sistema corrupto; por un lado, con la campaña pacífica en contra de los buitres defensores de Gobierno; por el otro, con el enfrentamiento armado que abatirá al narcotráfico nacional, pero también obstruiremos el narcotráfico extranjero en tránsito por nuestro territorio, el cual se destapó hace dos años con la detención de aquellas camionetas narcas del antiperiodista Lótez-Dogú.

—Realizar una lucha armada que desmantele la lucrativa actividad narco delincuencial dirigida por políticos y empresarios de primer nivel asistidos por militares del Nesic –advierte Lince–, es una misión sumamente peligrosa.

—Nunca tratamos este tema de combate al narcotráfico –dice extrañado Grillomirán–, aunque no niego que me encantaría dar una paliza a la banda criminal que dirigen el saraguato Rojillo y su cómplice director Sélam.

—¡¿Operación antinarcóticos?! –pregunta asombrada la ratoncita Ciudadanía de Verdad–, ¿cómo haremos eso? A mí me dejaron claro que nuestra campaña sería pacífica. Sin embargo, si es necesario que me convierta en Adelita, para mí no hay problema, con tal de derrocar al gobierno de la víbora, ¡soy capaz!

—¡Qué contrariedad, no contaba con esto! –expresa Lince perplejo–. Quienes conformamos Votar conviene estamos convencidos que la lucha armada versus el gobierno corrupto es inútil, perjudicial y peligrosa, sobre todo porque los líderes revolucionarios no son mejores que nadie; de hecho, la historia demuestra que suelen ser más perniciosos. Ahí está el ejemplo de la revolución socialista en la república de Bacú.

—¡En eso coincidimos todos! –exclama Ímaz, entusiasmado–. Pero cuando estábamos planeando nuestro movimiento pacífico, el elefante regional zona sur propuso la posibilidad de conjuntar todos los esfuerzos populares para enfocarlos contra Gobierno. Uno de los puntos cruciales será el colapso que provocaremos con nuestro asedio al ejército; entonces, con el sistema de defensa vulnerado, se podrá atacar donde más duele al statu quo: en las finanzas de los políticos y empresarios narcos. De esta manera, durante el tiempo que dure nuestra campaña, las bandas criminales no contarán con el manto de impunidad al cual están acostumbradas; así, las autodefensas y policías comunitarias podrán aprovechar la oportunidad.

—Además –continúa Ímaz–, como es bien sabido por todos los que leen *El in-Formativo*, en la zona sur de Gringolandia existen poblados donde no hay ninguna actividad productiva que pudiera sostener el alto nivel de vida de aquellas comunidades, sino que los narcotraficantes y secuestradores de esa nación vienen a nuestro país a realizar las actividades delincuenciales, donde saben que gozan de absoluta impunidad.

—Algunos de ellos son corruptos espías gringos con altos cargos en el gobierno establano. Estos vivales, en su mayoría exmilitares de guerra, son quienes provocan caos en el Establo, actúan dañando a la población económicamente activa, y además controlan el narcotráfico. ¡Contra ellos también estará enfocada la lucha de las autodefensas! ¡Esos rufianes sufrirán una verdadera pesadilla! ¡Cuando crucen la frontera, no volverán a estar ni sentirse seguros! –termina Ímaz.

Capítulo 12

LO MÁS IMPORTANTE

—Una de las razones que me impedían afiliarme a Votar conviene –manifiesta el criminólogo Venado Bácum–, fue que los partidarios utilizan argot religioso, lo cual supone contravenir al laicismo que debe imperar en nuestra nación, pues así está constituida, como una república laica. Pero después de leer la Biblia, descubrí que este lenguaje es fidedigno, el cual no es realmente religioso sino de fe. Es la filosofía fehaciente…

La asamblea de Votar conviene está reunida con el propósito de afinar los detalles para el arranque de la campaña revocatoria a la víbora Gobierno y de juicio político en contra del adormilado oso panda ministro del interior, por la situación catastrófica en la cual se encuentra el Establo, y más recientemente, por la masacre borreguil realizada de manera conjunta por las autoridades y la delincuencia organizada en Yotzi.

La asamblea, de manera unánime, aprueba el juicio político que llamará a cuentas al ministro oso panda debido a que este no supo conducir el conflicto de manera correcta. Desde el principio, opina la asamblea, las autoridades de Yotzi debieron actuar para corregir los desmanes borreguiles; sin embargo, no asumieron con responsabilidad las funciones policiacas y dejaron que el conflicto estudiantil se agravara.

En esto el oso panda ministro del interior tiene gran culpa, pues cuando se enteró que las autoridades locales no actuaron conforme al establo de derecho, debió coordinarse con el gobernador Lagarto para solucionar el problema de la falta de calidad en el servicio policiaco y, en caso de haber sido necesario, castigar con cárcel a los borregos delincuentes.

El panda ministro del interior, no sólo actuó con ineptitud en los primeros casos de alarma en la parcela de Yotzi, sino también permitió que, por un asunto personal del presidente Lagartito, los borregos fueran atacados por los policías, quienes entregaron los estudiantes a una banda de narcotraficantes; y los soldados, en lugar de actuar para poner orden y defender a los borregos como marca la constitución establana, formaron parte de la carnicería, ya fuera por acción o por omisión.

El detonante ridículo fue que los borregos querían arruinar la fiesta de la esposa del alcalde, en la cual dicha dama festejaba su candidatura a la alcaldía de Yotzi. Es que la señora quería relevar a su marido Lagartito en el importante y rentable cargo de alcalde del municipio. ¿Cómo creyó que podría lograrlo? ¿Acaso porque ella y el marido tenían lazos de amistad con los más importantes líderes políticos del país, tanto con los rojos como con los azules y amarillos, por mencionar sólo tres partidos?

El ministro del interior, para agravar su situación política y legal, en lugar de asumir su responsabilidad en la cacería, dejó pasar los días... y todavía no ha llegado la hora en que se digne a dar una explicación sobre los crímenes de lesa animalidad que él seguramente coordinó.

La asamblea tiene la certeza sobre la culpabilidad del ministro oso panda Shonk, ya que la misma víbora Gobierno realizó una reveladora y contundente declaración: «Todos somos Yotzi».

¿Cuál es el significado de esta frase hecha por el presidente del Establo?

Simple, significa que todos ellos están involucrados en la masacre, sólo que los borregos fueron las víctimas, y los soldados buitres, los policías gatos y los narcos saraguatos, fueron los victimarios. Esto, sin olvidar la compañía de lobos espías del Nesic destacamentados en el Heroico Colegio Pedagógico, quienes también estuvieron informando puntualmente al ministerio del interior sobre el radicalismo borreguil.

Uno de ellos, el lobo García, cabo del ejército, quien a pesar que fue plenamente identificado durante la transmisión en vivo de *El in-Formativo* como un lobo con máscara de borrego mientras ayudaba al buitre López a torturar y asesinar al borrego Resh; se convirtió en uno de los líderes del movimiento que reclama justicia, pues, avezado en el engaño, con la asistencia de otros lobos disfrazados de borregos, quienes apoyaron las mentiras del cabo, supo convencer de su supuesta inocencia a todos los ingenuos, sobre todo porque lo vieron con un ojo amoratado y lo escucharon pronunciando imprecaciones hacia el gobierno después que, según el lobo García, escapó de los soldados, policías y narcos al mando del saraguato Rojillo.

El asunto es que está todo listo para arrancar la campaña ciudadana revocatoria del mandato presidencial, así como del juicio político al oso panda; sin embargo, todavía no se ha hecho lo más importante de acuerdo con la opinión de los convienencistas, y lo cual es invitar a

Dios a esta lucha pacífica, pues él es el creador, sustentador y amo del universo, y el único juez digno de tomarse en serio.

—Además –continúa el erudito Bácum–, laicismo significa separación del poder político del religioso. Establo laico no significa separación del poder político de la fe. Religión y fe no son la misma cosa. El necesitado de la religión es el hombre; el autor y consumador de la fe es Dios en la persona del Cordero Yeshúa Hameshíaj. Así, la laicidad debería garantizar una educación alejada de los conceptos religiosos, condición que no se respeta en el Establo.

—El establo laico –dice el doctor Bácum–, no necesariamente es el establo ateo o evolucionista. Sin embargo, en nuestras escuelas públicas se enseña la falsa teoría evolucionista que cambia la fe por la creencia en una serie de fábulas carentes de toda evidencia científica, ya que dicha teoría evolutiva está fundamentada en razonamientos paralógicos, faltos de toda verdad.

—Ningún científico serio cree en la teoría de la evolución de las especies. No obstante, esta mentira sigue enseñándose en las aulas; es dogma anticientífico que viola al establo laico.

—¿Qué podemos decir de los ateos? Ellos ponen su creencia negativa en la no existencia. Niegan toda divinidad, fe y creencia afirmativa. Creen que tienen la certeza en el no; sólo lo creen, pues tal postura es personal y filosófica, no científica. En otra arista, la gran mayoría de los ateos honestos no cree en el evolucionismo, pues dicen que sería más fácil creer en Dios que en esa teoría absurda, ya que tener fe en el azar sería ridículo, ¡sería locura! Ellos dicen que el evolucionismo no tiene ningún fundamento racional porque es una lamentable farsa.

—Para ilustrar lo anterior –dice el doctor Bácum–, relataré la anécdota de un ornitorrinco amigo mío quien todavía es ateo. El hijo de él, de nombre Názek, quien creía firmemente en la teoría evolucionista, pidió un nuevo celular inteligente, pues el que tenía de hacía tres meses ya estaba pasado de moda. El papá pensó que esa era magnífica oportunidad para darle al hijo una lección que jamás olvidaría, y preguntó a su vástago cuál teléfono deseaba. El jovencito explicó a su padre todas las nuevas funciones que ofrecía el último modelo, y muy entusiasmado dijo que sería asaz feliz cuando lo tuviera en las manos…

—Está bien –sonriente, el señor Ornitorrinco contestó al hijo–, súbete al carro y vamos por el nuevo dispositivo inteligente.

—¡Gracias, papá! ¡Eres el mejor papá del mundo! ¡Yupiii! –exclamó de júbilo Názek.

Durante el trayecto, Názek notó que no iban por la ruta acostumbrada, y dijo al padre:

—Padre, ¿adónde vamos?, porque la tienda del tío Sam, la Triple Q, está muy lejos de esta rúa.

—Vamos por tu celular, ya falta poco, espérate.

—Pero te repito que el dispositivo lo vi en el aparador de la Triple Q –contestó preocupado Názek, quien ya intuía que algo no estaba bien, por lo que mejor guardó silencio y dejó conducir a su reticente padre.

El señor Ornitorrinco cambió el tema de la conversación y mientras conducía, él y su hijo tocaron el tema de la teoría de la evolución de las especies, lo cual apasionaba a Názek, por lo que el breve trayecto no estuvo nada aburrido para él.

Mientras viajaban, padre e hijo pasaron alrededor de quince minutos en la logomaquia evolucionista.

—¡Bien, hijo! –expresó el señor Ornitorrinco–, ¡hemos llegado!

Názek calló y observó el paraje solitario. Ya había estado allí antes, de campamento con la familia. Era lugar campestre perfecto, lleno de acantilados y vegetación, con árboles descomunales. Un riachuelo fluía a metros del vehículo; había muchas aves y varios nidos. No había zancudos porque los gecos, veloces sobre el agua quieta, se los comieron todos. A lo lejos, sobre la llanura verde, una novena de tigres y otra de leones jugaban emocionante partido de beisbol. Mientras Názek oteaba el paisaje, una zarigüeya con sus crías hizo estadía debajo del vehículo. ¡Nada qué ver con la tienda Tripe Q!

—¿Por dónde empezamos? –preguntó el papá, quien de la cajuela sacó pico y pala y estaba a un costado del vehículo mostrando las herramientas a Názek.

—¡¿Qué?!

—Sí –contestó el papá–, si el azar logró crear una primera célula madre que dio origen a todo el universo celular infinitamente complejo e inconmensurable, también debió fabricar por lo menos un millón de teléfonos inteligentes como el que deseas, el cual es finito y relativamente sencillo de lograr, sobre todo porque no es autónomo, no tiene vida propia ni se reproduce a sí mismo como la célula. Escarbemos, a lo mejor encontramos dos teléfonos, yo también quiero uno.

—¡Papá! ¡Esto no aplica para la teoría de la evolución de las especies! –contestó Názek, impaciente–, ¡el teléfono no es una especie!, ¡fue creado por genios en electrónica!

—¡Punto más a mi favor! —respondió orondo el papá—, las matemáticas no fallan, la ley de la probabilidad y la estadística establece que es infinitamente más fácil que el azar fabrique de la nada un millón de teléfonos inteligentes que una sola célula, precisamente porque el teléfono no es ser viviente. De hecho, las matemáticas y la física desechan la teoría del azar para la evolución de nada. Porque del desorden no surge el orden así porque sí, ¡y menos la vida! Debido a ello, en este maravilloso bosque, ¡no encontraremos ni un solo teléfono celular!

—En este caso —dijo Názek, serio—, si para construir un finito teléfono celular se requirieron genios en electrónica, ¡para crear una célula que es infinitamente más compleja se necesita inteligencia infinita!

—¡¿Qué?!

—Sí, papá. Si damos por hecho que el azar nada es en la conformación del universo, entonces… ¿Cómo se hizo?, más bien, ¿qué inteligencia lo creó? ¿Quién? ¿Dios?

—Dios no existe —dijo el señor Ornitorrinco tomando una postura rígida—, ¡yo tengo la certeza de ello!

—Si Dios no existe, entonces tú estás peor que yo.

—¡¿Por qué voy a estar peor que tú, Názek?! —preguntó el papá, extrañado.

—Tú dices, y las matemáticas te respaldan, que el azar nada es en la conformación del universo. Si el azar no hizo el universo, entonces —según tú que no crees en Dios— ¡fue la nada! ¡¿La nada creó el universo?! ¡Tú estás peor que yo!

—Lo que quiero enseñarte –dijo el papá, evasivo–, es que la teoría de la evolución de las especies es una fábula, nada científica.

Con la tonada característica de quien argumenta haciendo gala de paciencia –cuando en realidad está exasperado–, Názek respondió gesticulando y utilizando brazos y manos para expresarse mejor:

—Lo cual he entendido por el ejemplo del celular que tú bien expusiste, pero todo este bosque que estamos viendo no pudo formarse a sí mismo; necesariamente, la inteligencia de alguien lo planeó, diseñó y construyó. Ocurrió como en el caso del teléfono inteligente, ¡genios lo fabricaron!

El señor Ornitorrinco, arrinconado, mejor no respondió, sino que, con la mano izquierda, se frotó el hocico y el cogote... Quedó absorto. No imaginó que tendría una aleccionadora y pírrica victoria debido al discernimiento del amado hijo.

—Papá –dijo Názek, calmado–, me pondré a leer la Biblia, y creeré todo lo que en ella está escrito, sin juzgar a sus personajes. No necesitas comprarla, en la internética de *bible gateway* están excelentes versiones de las Escrituras y los Evangelios, en varias lenguas. Una amiga mía lee la versión Reina-Valera de la Biblia y dicha web también cuenta con la Biblia en los idiomas originales; tal vez allí encuentre respuesta a nuestra interrogante. Los cristianos —entre ellos tu amigo Bácum— tienen la historia verosímil de la existencia y el propósito de la vida gracias a la Biblia. Ahora lo sé gracias a ti.

—Mejor vamos a la Triple Q por nuestros celulares –respondió el papá–, quien al poner en marcha el motor del carro, asustó a la zarigüeya, y esta salió a buscar otro lugar de esparcimiento para sus crías.

Después de relatar la odisea del señor Ornitorrinco y Názek, el doctor Bácum continúa:

—En conclusión, debemos comportarnos como cristianos en todo momento, ya sea en nuestra casa, el templo, la escuela, el lugar de trabajo o ante el gobierno; aunque por ello nos discriminen los políticos homosexuales con el pretexto del establo laico que ellos violan con fanatismo anticientífico, evolucionista o ateo. Nuestro lenguaje debe ser el mismo en todo lugar y en todo tiempo. También nuestro carácter. Tenemos este derecho y debemos luchar por imponer nuestro liderazgo en todos los ámbitos de la vida.

—El Establo debe dejar de ser anticristiano. Debe permitir el libre desarrollo de las personas independientemente del credo que practiquen, y debe combatir con información veraz y estrategias de salud pública el problema de la homosexualidad, el cual se ha desbordado debido a la descarada y abrumadora publicidad que los medios televisivos de todo el país le proporcionan; por un lado, denigran a las personas heterosexuales; por el otro, victimizan en pantalla a los inmorales para generar empatía con los televidentes; no sólo condenan mediante los melodramas la conducta recta, sino también alaban la conducta pervertida y perversa.

—El día en que echemos del poder a los homosexuales empezaremos a ordenar este país. Encontraremos el secreto padrón homosexual en el cual todos ellos están registrados para compartirse prebendas y privilegios, y los exhibiremos. Pondremos fin a las relaciones de connivencia entre políticos y narcotraficantes; entre la policía y los secuestradores; entre la religión impía y el gobierno establano. Nombraremos jueces y juezas de verdad honorables;

despediremos y enjuiciaremos a los prevaricadores, cuyas leyes inmorales aboliremos.

—Expulsaremos a los políticos apátridas, traidores y mercenarios, y los remitiremos a las potencias del eje para las cuales viven y delinquen. Nuestro sistema de espionaje dejará de ser secreto y de servir al establishment criminal; estará a la luz del día y cada ciudadano y ciudadana establano será como agente de inteligencia, verdadero mandante, porque las nuevas autoridades de procuración de justicia que nos impongamos van a cumplir sus deberes y obligaciones en base a las leyes y al sentido democrático; servirán a la ciudadanía, nunca más a la inmoral mafia caciquil.

—Dicho sea de paso –manifiesta el doctor Bácum–, las bendiciones aquí enunciadas van dirigidas para quien lee o escucha estas palabras y por decisión propia, en humildad y sencillez, está en consonancia con el actuar y el sentir cristiano. Todo esto, en el nombre de Jesús de Nazaret-Yeshúa Hameshíaj judío. En ello no hay falta, y está declarado el cumplimiento de toda la pronunciación.

—Percibiremos el nacimiento y crecimiento espiritual en nosotros, nuestras familias, parientes y vecinos, conforme a las Escrituras y los Evangelios –continúa el sabio Bácum–. También, consolidaremos y disfrutaremos la comodidad económica y financiera. La economía y la riqueza establana serán democráticas; pondremos término a la exacción de la banca extranjera y a los regímenes financieros opresivos.

—El Establo se realizará plenamente porque romperá las sujeciones de las potencias externas y destruirá las internas que impiden el libre desarrollo; seremos una nación genuina independiente con pueblo y ciudadanos soberanos. Alabaremos y glorificaremos ante el mundo el nombre del Unigénito de Dios Jesús de Nazaret por las maravillas de su gracia en nuestra vida. En nosotros, Dios cumplirá los siguientes designios para testimonio al bendito pueblo israelita, al cual dice:

«Yo os provocaré a celos con un pueblo que no es pueblo; con pueblo insensato os provocaré a ira.»

«Fui hallado por los que no me buscaban; me manifesté a los que no preguntaban por mí. Dije a gente que no invocaba mi nombre: Heme aquí, heme aquí.»

Capítulo 13

El despertar

Esta madrugada llovió y granizó, está poco fría; todavía no amanece, mas el alba comienza.

Las calles están vacías, el agua aún escurre y cae a las alcantarillas. La mayoría de los altos edificios lucen imponentes, modernos y arrogantes. Los faroles del alumbrado público centellean entre la vegetación mojada de los camellones y las amplias banquetas, las cuales también brillan.

Los perros callejeros rebuscan el desayuno en las bolsas de desperdicios que con el hocico bajan de los depósitos desbordantes de basura. Falta poco para que pase el camión recolector. En el Anillo periférico se escucha el crepitar y chapoteo de vehículos que transitan veloces aprovechando la poca afluencia.

Hacia el centro histórico de la capital, usuarios del metro Bellas Artes concurren en la plaza central. Algunos van, otros vienen, todos en su afán. Madrugan en el bien hacer para que Dios los ayude. Todos ellos se conocen porque son de la misma familia, pero esto no lo han reflexionado. Se tratan como desconocidos.

Allí en la orilla de la primera fuente de la Alameda, cercana al palacio cultural, se sitúa la marchanta con una gigantesca olla de tamales y otra de champurrado, las cuales sus dos hijos universitarios ayudan a preparar; también cuenta con un centenar de bolillos para los experimentados que piden tortas de tamal. La comida es exquisita, inocua y nutritiva.

La tamalera está allí regularmente, excepto en navidad, año nuevo y las vacaciones de semana santa y de verano que divide entre su pueblo originario y las playas de Acapulco. Le va bien con el negocio de comida rápida, gracias a ello ha logrado pagar los estudios de la hija en la universidad La Salle y los del hijo en la Iberoamericana. Ambos cuentan con becas parciales y esto hace la vida más fácil. Los dos son dichosos porque ya sólo restan dos semestres para concluir sus estudios profesionales. También tienen otros cuatro hermanos que van a escuelas públicas, dos van a la secundaria y los otros dos a la preparatoria.

El padre de todos ellos trabaja de policía en el departamento del distrito federal. Es lozano, capaz y honesto; honrado hasta donde el mando lo permite, ya que a veces lo obliga a conducirse como si fuera policía corrupto y no tiene otra alternativa que obedecer. De él dicen que, como es honrado, «es una vaca que no da leche», y por tal motivo los jefes policiacos no lo promueven para ascenso.

Por ello, cuando los hijos decidieron estudiar en universidades particulares, la madre estuvo dispuesta a trabajar como comerciante de comida rápida en la Alameda central para solventar los gastos que el marido no podía cubrir. Esta decisión de la madre también fue acertada, pues desde entonces han llevado una vida menos ajustada al presupuesto del padre gracias al aumento en la productividad familiar, ya que los hijos no sólo trabajan en la preparación de los alimentos, sino que a veces también los venden, pues la iniciativa de establecer el negocio fue de ellos y siguen siendo los más entusiastas.

Aquel señor alto, fornido, moreno, de edad madura, quien viste chamarra café y pantalón negro de mezclilla, que acaba de comprar una torta de tamal y un champurrado, y ahora baja las escaleras de la estación del metro; se dirige a su taller mecánico, ubicado en la zona norte de la megalópolis.

Es un taller especializado en tractocamiones quinta rueda. Diez mecánicos trabajan para él; todos ellos se sienten bendecidos, no sólo por contar con el empleo, sino porque el jefe es leal en cuanto al pago de salarios dignos y prestaciones; ellos le responden de la misma forma, trabajando honradamente.

Tanto el patrón como sus empleados se bendicen mutuamente, él paga salarios dignos y prestaciones, y sus trabajadores realizan reparaciones de la mejor calidad, lo cual redunda en la satisfacción de los clientes y, ergo, en el prestigio del patrón. Están en un círculo virtuoso en el cual todos quieren permanecer porque les produce dicha y entusiasmo. Ninguno de ellos tolera las inasistencias, el estado de ebriedad ni la irresponsabilidad. En esto también tienen un mismo sentir y parecer.

La señorita que sale de la estación del metro en el momento que el patrón baja por las escaleras, es médica. Tiene casi veinticuatro horas sin dormir porque estuvo de guardia y el día anterior hubo mucho trabajo.

En el hospital donde ejerce la profesión no hay suficientes médicos, debido a ello debe esforzarse sin reserva, de la mejor manera posible, en la atención de todos los pacientes. Sus compañeros colegas y enfermeros están en la misma situación. En el hospital, lo único que sobra son los enfermos, ya que falta todo lo demás: equipo, medicinas y personal.

Además del intenso sueño, ella siente tristeza porque uno de los pacientes desahuciados falleció de forma lamentable esta madrugada, sin los más mínimos cuidados tanatológicos por la falta de medicamentos apropiados.

Todavía no se acostumbra a ver sufrimiento en sus pacientes, sobre todo porque muchas de las situaciones que lo provocan derivan de la mala administración pública, sistémica en todo el país.

A pesar de la difícil situación profesional de la doctora, la cual se debe a la falta de un eficiente plan nacional de atención hospitalaria, ella está satisfecha consigo misma porque brinda todo su esfuerzo y conocimiento a la buena atención médica. Han sido muchísimo más las personas que le han agradecido con una sonrisa y un sincero «¡gracias!», que quienes han tenido trágico final en el tratamiento de alguna enfermedad. Ello la motiva y entusiasma para continuar desempeñando la profesión con la misma pasión y determinación que tenía en el día que empezó a estudiar la carrera de medicina. Desde entonces ella encomendó su vida y profesión a Dios, y esto lo tiene presente.

Los primeros rayos del sol iluminan las copas de los altos árboles, de allá se escucha el gorjeo de los pichones; varios de ellos descienden y comienzan a engullir sobras de comida en las cercanías de la fuente donde está la señora tamalera. Los pichones también son felices, les encanta el bullicio y el ruido megalopolitano; asimismo, aprecian mucho a la gente que les arroja comida. Todos ellos están gordos de agradecimiento.

Una paloma que permaneció en las alturas mientras sus hermanos bajaban a desayunar, decide visitar el castillo de Chapultepec y emprende el vuelo sobre la avenida Reforma. Detiene el derrotero en una de las alas del Ángel de la Independencia. Permanece un instante observando con curiosidad el movimiento citadino, pero nada es digno de llamar su atención; por lo que continúa el viaje.

La paloma llega al castillo, se da cuenta que aún es temprano y no hay visitantes; en virtud de lo cual dirige el vuelo hacia el extremo del bosque donde está ubicada la residencia oficial de Los Pinos y posa en la rama de un enorme eucalipto junto a otros pichones. En esta casa siempre hay movimiento desde las primeras horas de la mañana; sin embargo, hoy la actividad está especialmente agitada.

En la recámara presidencial hay un problema, por lo que la alarma en el cuerpo de guardias presidenciales y del médico militar no se hizo esperar, de inmediato acudieron al aposento para auxiliar al presidente de la república.

La paloma bravía mira el ir y venir nervioso de los oficiales y ella también agita con energía las alas, asustada. Los demás pichones que la acompañan se inquietan y comienzan a gorjear más fuerte.

—Señor presidente –dice afectuoso el coronel de guardia–, no se preocupe. Todo fue un sueño, simple pesadilla, tómelo como una falsa verdad histórica.

El mandatario transpira y tiembla de espanto, hace tres minutos despertó angustiado y todavía no logra sobreponerse. Balbucea, dice incoherencias y nadie comprende la razón del por qué no puede distinguir la realidad onírica de la realidad física.

El médico realizó la revisión de rutina y todos los síntomas del señor presidente están bien, sólo deben esperar que líder Águila salga del éxtasis por sí mismo, ya que existe la orden precisa de no suministrarle ningún tipo de sedante ni pastilla para dormir, pues el señor presidente desprecia ese tipo de drogas.

—¡Van a sitiar al ejército! –dice alarmado el presidente–. ¿Quién está a cargo del padrón de la Gran Familia?, ¿está en Gobernación o en nuestro partido? ¿Hay una regla del establista?, perdón... del estadista... eso quise decir... la regla del estadista... no simular y ser progresista...

El señor presidente terminó de despertar a los seis minutos de haber abierto los ojos, fue entonces que todos sus asistentes recobraron la calma, pues lo vieron en sus cinco sentidos, bromeando y con el agradable sentido del humor que lo caracteriza.

El mandatario no olvidará este sueño que tanto lo alteró, también tendrá presente la regla del estadista: ¡No simular, ser progresista!

Epílogo del libro Votar conviene

Estimado lector, apreciada lectora, los relatos de este libro, ratifico, están basados en hechos reales; no obstante, cambié los nombres y algunas circunstancias para efectos de publicación. La cofradía homosexualista que menciono existe y está regida por la masonería. Periodistas de reconocido prestigio en México han denunciado que el sistema político mexicano está dirigido principalmente por masones homosexuales que llevan doble vida, con las consecuencias discriminatorias contra el pueblo heterosexual que ello implica. Estos profesionales de la información han descrito a detalle esta realidad ante la opinión pública en varias ocasiones desde hace décadas.

Dentro de esa sociedad secreta existen personas que reniegan del sistema inmoral y son quienes proporcionan información sin comprometerse. Gracias a estas personas que me han auxiliado en momentos álgidos de mi vida, he podido mantenerme firme. La primera advertencia la recibí en el año 1985 por parte de un oficial instructor de la Heroica Escuela Naval Militar. También fui alertado sobre estas "cosas muy malas [sic]" por un compañero cadete en el año 1988, cosas de las cuales ya estaba enterado.

Personas de la Armada de México y las televisoras nacionales están involucradas en los crímenes que denuncio, sin embargo, me han

222

calumniado ante la comunidad aduciendo que padezco esquizofrenia y que soy prejuicioso. Mienten. Con dicha infamia se evaden para no confrontarse a la verdad.

Para mantener mi postura intransigente contra el espionaje inmoral homosexual, también ayuda el hecho que en esa institución armada existe controversia en relación con este caso, lo cual no ha impedido el ninguneo a mi persona. Bien apuntó Octavio Paz: *Es inútil que Ninguno hable, publique libros, pinte cuadros, se ponga de cabeza.* Es por esto que los criminales continúan impunes. Lamentablemente, este es el mal generalizado en México, la falta de procuración de justicia para beneficiar a los poderes fácticos, asidos de la presidencia de la república.

"Para que la cuña apriete ha de ser del mismo palo", reza el adagio. Si alguien puede resolver este problema social y político que agravia a todo México son los mismos militares; empero, la sociedad civil no debe permanecer inactiva sino exigir a las autoridades que resuelvan cuanto antes el problema del espionaje fascista, cuyo principal objetivo es continuar perjudicando a la niñez y juventud mexicana para perpetuarse en el poder.

Es obvio que si las instituciones mexicanas están controladas por los fascistas –nacionales y extranjeros–, ignorarán la demanda ciudadana; por tanto, es necesario iniciar campañas de protesta y concientización para remover a los homosexuales de las posiciones de liderazgo. Es obligatorio. La alternativa electoral del voto efectivo contra los partidos hegemónicos es la idónea, porque perturbará al establishment.

Pase lo que pase más adelante conmigo, aun si el sistema infama mi reputación todavía más con el fin de restarme credibilidad utilizando sus esbirros y medios de comunicación que me han copado anteriormente; quien haya leído este libro activó en su ser –en el consciente y subconsciente– una alarma que descubre las malas artes y técnicas de los espías criminales, quienes acostumbran allanar viviendas previa sedación de los ocupantes, a quienes interrogan y hieren en estado hipnótico; y así podrá despertar del trance y elucidar algún eventual ataque a su humanidad. Así mismo, estará vigilante de todo cuanto ocurra en la escuela con sus hijos para frustrar el hostigamiento y las trampas a que son sometidos por parte de los niños y jóvenes alienados del sistema en complicidad con algunos profesores, a quienes exigirá la portación del gafete de identidad para el alumnado, y una lista con el nombre y fecha de nacimiento de todos y cada uno de los condiscípulos de sus hijos a efecto de llevar un historial de altas y bajas, más otras incidencias que los alumnos registrarán de puño y letra cuando regresen a casa. De igual forma, descubrirá que en todos los lugares concurridos –verbigracia, centros comerciales, supermercados, bancos, fábricas y terminales de pasaje– existen empleados cómplices del pernicioso espionaje gubernamental y el crimen organizado, quienes sojuzgan a la ciudadanía, y los exhibirá.

Todo en este libro es de mi autoría –a excepción de las citas así marcadas– y soy el corrector de los textos. En referencia a esto, la primera edición del libro, borrador incompleto, es anécdota por el apremio que tuve de publicarlo. Esta edición de Votar conviene ha sido posible gracias a la extraordinaria facilitación de Create Space, a cuya dimensión creativa ingreso a través de http:// www .create space .com.

Si debido a mi falta de preparación como escritor cometí el error típico de los escritores sin experiencia, la reescritura, a esta no la admite el libro, pues he tenido esmero para no cometer tal desacierto.

Redacté algunos escritos basándome en la versión Reina-Valera 1960 de la Biblia de referencia Thompson, que brinda sustancial información arqueológica. Datos científicos muy útiles obtuve de la revista electrónica http:// www .creacionismo .net. También consulté la legislación mexicana vigente, así como la bibliografía proporcionada por el Instituto Federal de Acceso a la Información y Protección de Datos (Ifai), que está a disposición del público en el sitio internético http:// www .ifai .org .mx.

No omito mencionar que han sido valiosos para formar mi criterio político los reportajes y artículos de opinión de los principales diarios de México vía internet; por ejemplo, El Universal, La Jornada, la revista Proceso y el periódico Milenio. Y por supuesto, acostumbrado como estoy a tomar lo bueno y desechar lo malo, no puedo dejar de mencionar "mi escuela nocturna" que Televisión Azteca proporciona a México con los programas de Azteca Opinión, los cuales son muy ilustrativos. Más la difusión y reseña de la actividad legislativa por medio del Canal del Congreso, que es magnífico e insustituible para introducirnos desde la perspectiva ciudadana a los intrincados y emocionantes terrenos de la política mexicana. Esto, sin contar que trabajé durante quince años en instituciones armadas federales.

Mis diccionarios de consulta son Larousse, Porrúa, y el DRAE, que es el acrónimo del Diccionario de la Real Academia Española, a la cual solicité mediante el formulario que proporciona para tal fin en la página de internet http:// www .rae .es una nueva acepción para la palabra avanzo: rendición de cuentas. El concepto se infiere por los distintos significados de la palabra en cuestión.

Es cuanto. Muchas gracias.

Guaymas, Sonora, a 15 de julio de 2014.

EL AUTOR

Jorge Rosendo Durán Mozqueda, 22 de abril de 1968, Heroica Guaymas, Sonora, México. Ingeniero en ciencias navales por la Heroica Escuela Naval Militar, 1990. Laboró en la Armada de México hasta 1994. Continuó en el servicio público diez años más trabajando en aduanas, 1995-2005. También ingresó por breve periodo a la Policía Federal, 2007. En el sector privado trabajó como chofer de tráiler transportando mercancías entre los estados de California, Arizona, Nevada, Sonora y Baja California, 2005-2008. Socio en empresa ejidal. En Twitter @T2xMX (Todos por México).

www.ingramcontent.com/pod-product-compliance
Lightning Source LLC
Chambersburg PA
CBHW050440290526
45786CB00006B/2097